Thomas Gesterkamp

Die neuen Väter zwischen Kind und Karriere

Thomas Gesterkamp

Die neuen Väter zwischen Kind und Karriere

Verlag Barbara Budrich
Opladen & Farmington Hills, MI 2010

Bibliografische Information der Deutschen Nationalbibliothek
Die Deutsche Nationalbibliothek verzeichnet diese Publikation in der
Deutschen Nationalbibliografie; detaillierte bibliografische Daten sind im
Internet über
http://dnb.d-nb.de abrufbar.

Gedruckt auf säurefreiem und alterungsbeständigem Papier.

ISBN   978-3-86649-291-2

Umschlaggestaltung: disegno visuelle kommunikation, Wuppertal –
www.disenjo.de
Satz: Susanne Albrecht-Rosenkranz, Leverkusen
Druck: paper & tinta, Warschau
Printed in Europe

Inhalt

Die Welle der aktiven Väter – ein Vorwort zur Neuauflage

Der Hype um die Elternzeit – Neue Väter, altes Muster? – Sozialisatorischer Dominoeffekt – Unerwartete Probleme am Frankfurter Flughafen – Jenseits der Hochglanzbroschüren

U m es gleich vorweg zu sagen: Ich bin Journalist, ich bin Vater, und dennoch ist dieses Buch kein (weiterer) Bericht eines schreibenden „Wickelprofis". Es ist einfach, sich über Kollegen lustig zu machen, die ihre Befindlichkeiten mit dem frisch geborenen Nachwuchs protokollieren und glauben, das interessiere ein breites Publikum. Die übertriebene Häme, die dem schriftstellernden Vater dabei entgegen schlägt, wäre selbst schon eine feuilletonistische Betrachtung wert. Sie enthält aber einen wahren Kern.

Zwar sind die „neuen Väter", die Wissenschaftler übrigens schon vor zwanzig Jahren so bezeichnet haben, ins Blickfeld von Politik und Öffentlichkeit gerückt. Genauer hingeschaut, geht es aber fast ausschließlich um die Themen Schwangerschaft und Geburt, um das „erste Jahr zu dritt", um das Zusammenleben mit Säuglingen und Kleinkindern; im günstigen Fall noch um fehlende Betreuungsangebote.

Seit die Babypause nicht mehr mit einem Taschengeld, sondern mit einer Lohnersatzleistung honoriert wird, ist die Beteiligung der Männer deutlich gestiegen. Was aber passiert nach Papas Auszeit zu Hause? Beginnt die „Retraditionalisierung" der Geschlechterrollen, von der Forscher sprechen, einfach ein paar Monate später? Kehren Männer und Frauen dann zurück zur althergebrachten Arbeitsteilung, vielleicht mit ein paar modernen Elementen? Sind Familienbildungsstätten, Kindergärten oder Schulen überhaupt vorbereitet auf engagierte Väter? Und was tut sich in den Unternehmen, verstehen diese „familienbewusste" auch als „väterbewusste" Personalpolitik?

Neue Männer, alte Muster: Kritische Kommentare und Berichte zum „Väter-Hype" monieren stets, dass die Mehrheit von ihnen nur ein paar Wochen aussetze. Das Ziel, Rollenzuschreibungen aufzubrechen, werde verfehlt. Im Gegensatz dazu lautet meine These: Die hohe Akzeptanz der Väterzeit ist kein reiner „Mitnahmeeffekt", sondern markiert einen Kulturbruch in der geschlechterpolitischen Debatte. Sie liefert zudem den Beweis, dass Politik Verhalten beeinflussen oder gar steuern kann. Mit dem Elterngeld tragen Männer Wesentliches zum Familieneinkommen bei, ohne ihre Versorgerrolle ganz aufgeben zu müssen. Dabei sind sie bereit zu monetärem Pragmatismus: Leichter als frühere Vätergenerationen können sie ertragen, weniger zu verdienen als ihre (meist genauso gut ausgebildeten) Partnerinnen.

Die Diskussion um neue Männerrollen beschränkt sich bisher weitgehend auf die Zeit rund um die Familiengründung. Die steigenden Quoten der Väter in der Babypause wurden anfangs präsentiert wie boomende Börsenkurse. Dann ebbte das Interesse ab, das Thema verschwand aus den Schlagzeilen. Umso wichtiger ist es, der Phase nach der Elternzeit mehr Aufmerksamkeit zu schenken. Denn die Absolventen der Papamonate merken schnell, dass Kinderaufziehen nicht nur ein paar Wochen oder Monate dauert, sondern zwanzig Jahre – manchmal sogar noch länger.

Die bezahlte Väterzeit ist für manche Männer nur ein kurzes biografisches Zwischenspiel, im günstigeren Fall wird sie zur Einstiegsdroge. Eine Welle der aktiven Väter rollt auf jene Institutionen zu, mit denen Familien zu tun haben. Krippen, Kindertagesstätten, Horte, Jugendämter und Schulen treffen erstmals auf eine nennenswerte Masse von Männern, die in der Säuglingszeit ihres Kindes andere Erfahrungen gemacht haben als die Väter früherer Generationen. Von einem „sozialisatorischen Domino-Effekt" sprechen Karin Jurczyk und Thomas Rauschenbach vom Deutschen Jugendinstitut.

Die Träger von Betreuungs-, Beratungs- und Bildungsangeboten brauchen neue Konzepte. Es reicht nicht mehr, Väter zum kostengünstigen Renovieren der Gruppenräume einzuspannen oder sie beim Sommerfest an den Grill zu stellen, sonst aber zu ignorieren. Die Sitzungen des Kindergartenrates mit Elternbeteiligung, früher schon wegen ihres Zeitpunktes reine Frauentreffpunkte, müssen zu einem Termin stattfinden, den auch voll erwerbstätige Väter und Mütter wahrnehmen können. Hausfrauen-Wettbewerbe um den leckersten selbst gebackenen Kuchen; Lehrerinnen, die um Beistand durch eine „Vorlesemutter" für elf Uhr morgens bitten; Kindertheater am frühen Nachmittag, zu dem nur Muttis kommen, weil die Papis im Büro sind: All das wird zumindest in den Großstädten bald Anekdote von gestern sein.

Wer als Mann nach der Geburt seines Kindes zeitweise allein für das Baby verantwortlich war, hat ein Recht darauf, später auch von Erzieherinnen oder Lehrerinnen beachtet und ernst genommen zu werden. Schon in die Ausbildung dieser Berufsgruppen gehören deshalb Seminare und Bausteine, die sich mit Väterarbeit beschäftigen. Männer wollen mit dem Nachwuchs „ihr eigenes Ding machen", sich abgrenzen vom Weiblichen. Doch trotz der Erfolgsmeldungen beim Elterngeld haben sie oft Schwierigkeiten, Gleichgesinnte zu finden. Treffpunkte für Mütter gibt es selbst in kleinen Orten, für Väter fehlen sie weitgehend. In einigen Großstädten gibt es inzwischen eigene Väterzentren als Alternative zur herkömmlichen Familienbildung.

Parallel dazu erreicht die Welle der engagierten Väter die Unternehmen – und damit jene „ernste Arbeit, die den ganzen Mann ausfüllt", wie Kurt Tucholsky einst ironisch formulierte. Fakten setzen die Firmen dort unter Druck. Die Zahl der Väter in Elternzeit ist in vielen Betrieben deutlich gestiegen. Bei der Fraport AG zum Beispiel gingen nach Einführung der Papamonate plötzlich nicht mehr nur drei, sondern gleich 50 männliche Mitarbeiter in die Babypause – was beim Bodenpersonal des Frankfurter Flughafens besonders in der sommerlichen Hochsaison unerwartete logistische Probleme aufwarf. In der Finanz- und Wirtschaftskrise machten Väter unerwartet gute Erfahrungen mit der (zunächst erzwungenen) Kurzarbeit: Sie erlebten hautnah, dass die Familie und sie selbst davon profitieren, wenn sie früher zu Hause sind oder später zur Arbeit aufbrechen müssen.

In den Betrieben entscheidet sich, ob Lebensentwürfe langfristig individuell gestaltet werden können. In einer Studie für die gewerkschaftliche Hans-Böckler-Stiftung stellen Svenja Pfahl und Stefan Reuyß hier „Nachwirkungen" fest, die über die eigentlichen Elterngeldmonate hinausgehen. Die befragten Väter räumen dem Thema Familie einen größeren Stellenwert ein, engagieren sich stärker bei der Kinderbetreuung und weisen betriebliche Anforderungen viel deutlicher zurück als vorher.

Die „familienfreundliche" Erwerbswelt, die die Beraterszene ständig predigt, erweist sich vielerorts jedoch als Mogelpackung. Lebensmodelle ohne private Bindungen und ohne Verpflichtungen zur Fürsorge gelten in den Augen vieler Personalchefs immer noch als optimale Voraussetzungen für eine schnelle Karriere. An vielen Arbeitsplätzen dominiert eine Unentbehrlichkeitskultur der Kinderlosen, bleibt die Vaterrolle unsichtbar und marginalisiert.

Selbstverständlich gibt es große wie kleine Unternehmen, die Eltern (und auch Mitarbeitern, die behinderte oder ältere Angehörige pflegen) entgegenkommen. Sie wollen dabei weniger unverbindlich „freundlich" sein als mit einer „familienbewussten" Strategie vorausschauend dem befürchteten Fachkräftemangel begegnen. Vor allem qualifizierte Mütter möchten die Firmen nicht verlieren. Sie machen ihnen Angebote wie Wiedereinstiegsprogramme, alternierende Telearbeit oder Teilzeitstellen. „Väterfreundlichkeit" ist weit weniger verbreitet: Männer sollen wie gewohnt voll einsatzfähig sein; Frauen gesteht man eine Nische zu – aus der heraus ein betrieblicher Aufstieg allerdings schwierig wird.

Die Wirtschaftspresse schreibt regelmäßig über „Work-Life-Balance", weil die Personalverantwortlichen den Stimmungsumschwung in ihrer Belegschaft spüren. Zumindest ein Teil des umworbenen männlichen Nachwuchses erwartet eben nicht nur tolle Büros und schicke Dienstwagen, sondern auch Angebote zur Vereinbarkeit für Väter. Sie suchen betriebliche Partner für einen alternativen Karriereweg, der ruhig ein bisschen länger sein darf, der private Umwege akzeptiert und das Sammeln von Erfahrungen auch jenseits des Berufes positiv bewertet. Nur wenige Firmen haben bisher überzeugende Konzepte vorgelegt, die Beschäftigte mit Fürsorgeaufgaben wirklich entlasten. Diese Vorzeigebeispiele prägen aber den öffentlichen Diskurs auf Tagungen, in Wettbewerben oder Zertifizierungsverfahren. Sie erwecken den Eindruck, es handele sich um einen allgemeinen Trend.

Die meisten Unternehmen bieten gerade Berufsanfängern nur prekäre oder befristete Beschäftigung – und erwarten ständige Verfügbarkeit, sobald potenzielle Väter einen festen Job bekommen haben. Von den Hochglanzbroschüren unberührt, dominiert eine Betriebskultur, die durch geringe persönliche Autonomie, regelmäßige Überstunden und Anwesenheitspflicht geprägt ist. Die Flexibilisierung im Firmeninteresse und die Ausweitung betrieblicher Servicezeiten decken sich keineswegs mit den Wünschen von Eltern und pflegenden Angehörigen. Daran schrittweise etwas zu ändern, ist eine entscheidende Gestaltungsaufgabe der Zukunft.

Der überarbeiteten und aktualisierten Auflage meines Buches wünsche ich zahlreiche Leser – und vor allem, dass die verkrusteten Verhältnisse weiter in Bewegung bleiben.

Thomas Gesterkamp

Väter-Ratgeber: Die schreibenden Wickelprofis

Wie schön wäre es, bekäme man bei der Geburt eines Kindes gleich die passende Bedienungsanleitung mitgeliefert! Das dachte sich der amerikanische Kinderarzt Louis Borgenicht und schrieb einen Väter-Ratgeber der besonderen Art. „Das Baby – Inbetriebnahme, Wartung und Instandhaltung" karikiert den Sprachduktus, dem sich Kunden beim Kauf technischer Geräte ausgesetzt sehen. Da wird das Kinderzimmer „konfiguriert", der „Schlafmodus" programmiert, die „Energieversorgung" sichergestellt (Füttern) oder der Umgang mit den „Service-Providern" (Hebammen, Ärzte) trainiert.

„Cool bleiben" empfiehlt der Schnuller-Hersteller nip, der den Zehnkämpfer Frank Busemann über das „Leben eines Ahnungslosen" kalauern lässt. Kostprobe: „Porsche oder Kind? Beide sind laut, wenn sie aufdrehen. Ich entschied mich für den milchfressenden Eurofresser. Ein Porsche verliert an Wert, ein Kind behält ihn und bleibt unbezahlbar." Der Sponsor wirbt für „Cool Twister": Mit „dem ersten Fläschchenwasser-Abkühler der Welt können Väter der Fläschchenzubereitung ganz gelassen entgegen sehen. Nach dem simplen Prinzip des Wärmetausches kühlt er abgekochten Wasser in nur 80 Sekunden auf die gewünschte Trinktemperatur herunter." Wärmetausch, das kennt Mann doch aus der Physik! Wenn dann noch „die neuen nip-Schnuller der Serie Spacy zu einem echten Hingucker werden", ist Papa wunschlos glücklich.

Selbstironische Ratgeber für Väter in der Babypause stapeln sich in den Buchläden. Sind Männer wirklich nur über witzige Umwege zu motivieren, sich Wissen über ihren Nachwuchs anzueignen? Muss man sie dort abholen, wo sie angeblich stehen, in der seelenlosen, rein sachorientierten Ingenieurwelt, wo alles nach Plan funktioniert? Der lustige Tonfall ist offenbar ein Muss im Vätergenre – das belegen zahlreiche Buchtitel. „Der Bauch ist rund, und Schluss ist, wenn die Hebamme abpfeift" heißt es in Anspielung auf den männlichen Lieblingssport. Der Verfasser strapaziert seine Analogie: Von der Zeugung zur Entbindung, so erfährt Mann staunend, dauert ungefähr so lange wie eine Bundesligasaison. „Papas Schwangerschaftskalender" geleitet durch diese Zeit; anschließend garantiert ein Werk im Militärjargon das „Überleben an der Wickelfront". Ein Autor schildert „mein Leben als Mutti", ein anderer ruft den „Zwergenalarm" aus. „Wir Wickelprofis" machen „die Elternzeit zum Kinderspiel". Und selbstverständlich gibt es auch „Wickelpedia"...

Sind Männer in der Elternzeit einfach zu wenig ausgelastet – wie weibliche Lästermäuler behaupten? „Papa im Sabberjahr" oder „Väter der Karotte" spotten Kritikerinnen über die gedruckten Abenteuer der männlichen Helden in Elternzeit. „Schreibtischväter" nannte sie einst der Kabarettist Wiglaf Droste, das klang nicht zufällig wie Schreibtischtäter. Nach dem Motto: Statt sich einfach um ihr Kind zu kümmern, müssen sie sich gleich wieder wichtig machen.

Der Spott wirkt übertrieben. Manche Papa-Anekdote ist amüsant, manche Information durchaus hilfreich. Ein Grund für die Ratgeberflut ist schlicht der wachsende Bedarf. Über zwanzig Prozent der Anträge auf Elternzeit stellen inzwischen Männer, Tendenz weiter steigend. Väter mit Baby, Jahrzehnte lang Exoten, sind damit auf dem Buchmarkt zur Zielgruppe geworden – und sei es nur, weil die meist weiblichen Kundinnen Partner oder Freunde mit gedruckten Tipps überraschen wollen.

Die Auszeit mit dem Säugling ist für Männer ungewohntes Terrain. Historische Vorbilder und Erfahrungen fehlen weitgehend, das schreit geradezu nach publizistischer Handreichung. Weniger böse formuliert, als es Satiriker Droste tut: Der Boom der Väterliteratur beruht auf einer häufig gemachten neuen Erfahrung. Erziehende Männer wollen sich ihre Unsicherheit nicht anmerken lassen; mit Humor abgefedert fällt die Umstellung auf die neue Situation leichter. „Es wird empfohlen, gleich nach der Lieferung eine emotionale Bindung zwischen User und Baby herzustellen", rät das Geschenkbuch für den schwangeren Wartungstechniker. Ist doch witzig, oder?

Väter in Bewegung – Männer auf der Suche nach Balance

Harte Fakten und weiche Themen – Alltägliches Chaos mit Memory und Malefiz – Mit Notebook auf dem Spielplatz – Gibt es eine „Väter-Bewegung"? – Verpass' nicht die Rolle deines Lebens!

Als ich Mitte der neunziger Jahre das erste Mal über Väter schrieb, habe ich viele männliche Journalistenkollegen irritiert. Einige wussten, dass ich ein kleines Kind hatte und mir die elterlichen Aufgaben mit meiner Partnerin teilte. Aber was sollte das mit den Inhalten meines Berufes zu tun haben? Schließlich hatte ich mich in Zeitungen und im Radio doch stets mit den „hard facts", den harten Fakten beschäftigt – und die „weichen Weiberthemen", wie sie auf den Redaktionsfluren abschätzig hießen, meistens anderen überlassen. „In Ihrem Buch geht es doch um Arbeitszeitmodelle, nicht wahr?", fragte mich einer meiner Auftraggeber damals wohlwollend – und in der Gewissheit, dass es sicher auch diesmal richtig schön sachlich zugehen würde. Politik und Wirtschaft, damit kannte ich mich doch aus!

Als das Buch dann erschienen war, wuchs die Irritation noch. Denn was es da zu lesen gab, drehte sich bestenfalls am Rande um Arbeitszeitmodelle. Stattdessen ging es um das ganze Leben, um die männliche Identität, um Beziehungsprobleme, um väterliche Gefühle zu kleinen Säuglingen – nichts also, was schnell und einfach „in den Griff" zu kriegen war. In der Wahrnehmung weniger wohlwollender Kollegen war ich gar beim „Gedöns" gelandet – und hatte mich damit angreifbar gemacht. Denn in meinem Berufsfeld finden es Männer (und erst Recht Karrierefrauen) furchtbar peinlich, die scheinbar „privaten" Themen ins Blatt oder Programm zu hieven. Mit Familie kann man doch in den wichtigen Ressorts nicht punkten! So was gehört in randständige Rubriken wie „Panorama" oder „Buntes und Vermischtes", bleibt der sprichwörtlichen „Sozialtante" vorbehalten. An der eigenen Biografie entlang recherchieren, wie es die Journalisten despektierlich nennen: Das tun doch nur Mütter, die ihren Job nicht mehr richtig ernst nehmen!

Ich muss den KollegInnen zu Gute halten, dass das Thema „Väter" damals in der Öffentlichkeit vollkommen unterbelichtet war. Weder in den Medien noch in der Politik – und schon gar nicht in den Unternehmen – spielte es eine nennenswerte Rolle. In den neunziger Jahren war es in Deutschland unvorstellbar, dass der Staat die väterliche Rolle in der Familie mit gut bezahlten und exklusiven „Papamonaten" unterstützte. Unter Wissenschaftlern und betrieblichen Entscheidungsträgern fehlte so gut wie jede Debatte darüber, dass auch Männer ein „Vereinbarkeitsproblem" haben könnten. Es gab keine Titelgeschichten in der Wirtschaftspresse, die beschrieben, wie sich Führungskräfte „zwischen Kind und Karriere aufreiben" (*Manager Magazin*). Politische Wochenmagazine stellten nicht die Frage „Bin ich ein guter Vater?" oder gaben „Anleitungen für gestresste Männer", die feststeckten „zwischen Zeitnot, Job und Familie" (*Focus*). Und schon gar nicht forderten sie, grafisch begleitet von einer Nuckelpulle, „Väter an die Flasche" (*Karriere*).

Mit der Vereinbarkeit von Privatleben und Beruf schlugen sich dem Anschein nach nur Frauen herum, und die damit verbundenen Schwierigkeiten hatten am Arbeitsplatz nichts zu suchen. Berufsorientierte Mütter unternahmen alles, um ihre Kinder weitgehend unsichtbar zu machen. Und die Väter? Die meisten spürten offenbar keinen Leidensdruck, zumindest ließen sie sich nichts anmerken. Sprach man sie direkt auf das Thema Familie an, drucksten sie herum, bis sie leicht verschämt zugaben, dass eigentlich ihre Frau alles für sie regle. Männer, die ihre privaten Interessen und Verpflichtungen nicht verleugneten, diese sogar offensiv und fordernd im betrieblichen Alltag benannten, waren eine kleine Minderheit. Bei Vorgesetzten und Kollegen machten sie sich damit wenig Freunde; sie galten als Exoten, als störende Ketzer.

Als ich Vater wurde, hatte ich mich bereits selbstständig gemacht und war damit nicht mehr direkt „weisungsgebunden". Abhängigkeiten und Reibereien gab es trotzdem. Meine erste berufliche Erfahrung als „freier Journalist mit Kind" machte ich wenige Monate nach der Geburt meiner Tochter. Ich sollte einen nicht tagesaktuellen Beitrag mit Originaltönen für einen Hörfunksender produzieren. Reine Routine, ich schrieb also das kurze Stück und sendete es an die Redaktion. Mein Auftraggeber, ein junger Kollege mit Zeitvertrag, hatte abgesehen von den üblichen Kleinigkeiten inhaltlich nichts auszusetzen. „Kommen Sie doch rüber und sagen Sie das gleich auf, ich will das morgen früh senden", teilte er mir telefonisch mit. Auch das eigentlich normale Routine. Nur: Für die Väter von Kleinkindern ist eben vieles nicht normal.

Der Anruf des Redakteurs erreichte mich um zwei Uhr mittags in meinem Journalistenbüro, einem gemeinschaftlichen Zusammenschluss von Freiberuflern. Die Kinderlosen unter meinen KollegInnen waren gerade zum Mittagessen in unser Stammlokal um die Ecke verschwunden. Ich war auch im Aufbruch, aus anderem Grund: Um halb drei wartete zu Hause die Tagesmutter auf Ablösung. Da mein Radiobericht nicht brennend aktuell war, sagte ich den Aufnahmetermin für heute ab. Ich begründete das mit meinen Familienaufgaben – und löste mehr als Irritation, nämlich Empörung aus. Die war so groß, dass der Redakteur mein Verhalten zum Thema einer Abteilungskonferenz machte. Dort allerdings stießen die Beschwerden zu seiner Überraschung auf Widerspruch – der Frauen sowieso, aber auch einiger Männer. Die kannten mich, den angeblichen Arbeitsverweigerer, und schätzten die langjährige Zusammenarbeit.

Eine Geschichte mit glücklichem Ende also, die ermutigend, aber leider nicht typisch ist. Allzu oft musste ich ihn üben, den Spagat zwischen Kind und Karriere. Im Ballett ist das bekanntlich eine Körperhaltung, bei der die in entgegengesetzter Richtung gespreizten Beine eine Linie bilden. Wie soll das funktionieren im alltäglichen Chaos? Wenn ein wichtiger Termin ansteht, das Team der Tagesstätte aber am selben Tag Betriebsausflug macht oder sich eine Fortbildung gönnt? Von dem in Kindergartengruppen und Schulklassen regelmäßig ausgerufenen Läusealarm oder von plötzlich ausbrechenden Infektionen ganz zu schweigen? Das Ergebnis war stets das gleiche: Entweder Mama oder Papa blieben zu Hause. Wir versuchten uns abzuwechseln, doch die zeitliche Beweglichkeit des Vaters war größer als die der Mutter, die fast jeden Tag gut fünfzig Kilometer pro Strecke zu ihrer festen Stelle pendelte.

So war ich es dann häufig, der malte oder Memory spielte, statt den dringenden Artikel weiterzuschreiben. Auch der Termin morgens beim Kinderarzt, das Theaterstück, das aus unerfindlichen Gründen in der Mittagszeit präsentiert wurde, oder der Fahrdienst zur Reitstunde am Nachmittag blieben mir auf diese Weise meist überlassen. Von den manchmal unerfreulichen Arztbesuchen abgesehen, habe ich das meiste gerne getan. Mensch-ärgere-dich-nicht, Mühle, Malefiz & Co. können aber auf Dauer ziemlich langweilig werden. Und wenn dann endlich der lange erwartete Anruf eines vielbeschäftigten Experten kam, den ich für meine nächste Reportage unbedingt zitieren wollte, quengelte meine Tochter lautstark im Hintergrund, weil gerade ihr roter Lieblingsstift abgebrochen war. Am anderen Ende der Leitung klang das nicht gerade professionell.

Im Gegensatz zu Frauen haben Männer in vielen Situationen die Chance, mit ihrer Vaterschaft zu kokettieren. Demonstrativ nehmen sie ihr Notebook mit, wenn sie einen Vormittag im Wartezimmer des Kinderarztes verbringen. Sie sitzen mit dem Handy auf dem Spielplatz und geben das in den dort geführten beruflichen Gesprächen sogar offen zu. Bei weiblichen Kolleginnen kommt die Sandkasten-Nummer manchmal gut an. Wenn sich dagegen Mütter ähnlich verhalten, sehen sie sich schnell dem Verdacht ausgesetzt, sie praktizierten einen ineffektiven und kaum ernst zu nehmenden Bettkanten-Journalismus. Besonders pikant wird dieser Vorwurf, wenn er aus dem Mund von Männern kommt, die sich den täglichen Balanceakt zwischen Kind und Karriere mit Hilfe einer nicht erwerbstätigen Hausfrau vom Leib halten.

Vorgesetzte und Auftraggeber schätzen ihre Mitarbeiter, wenn diese mobil und flexibel sind. Eltern sind weder mobil noch flexibel, aber dafür gute Logistiker. Sie sind auch mal bereit, zu ungewöhnlichen Zeiten einzuspringen. Doch weil der Nachwuchs den Stundenplan diktiert oder zumindest mitprägt, stehen sie nicht beliebig zur Verfügung. Die Mischung aus festen Planungsanforderungen im Beruf und familiärem Durcheinander führt zu einem engen Tageskorsett, das einschnürt – und ein schlechtes Gewissen aufgrund liegen gebliebener Arbeit hinterlässt. Für mich als Hörfunkautor konnte es unangenehm werden, im Sender anzurufen und den Wunsch zu äußern, ich bräuchte zwar ganz dringend einen Studiotermin, es ginge aber leider nur zwischen 9 und 14 Uhr. Nicht jede Disponentin hat Verständnis dafür, dass ihr (männlicher!) Gesprächspartner ein Kind zur Schule bringen muss und spätestens um 15 Uhr die Übermittagbetreuung endet. Auf die gut gemeinten Vorschläge, dann doch abends oder am Wochenende zu erscheinen, habe ich bei Gelegenheit zurückgegriffen – sie hinterließen aber auch das (vielen Selbstständigen geläufige) Gefühl, eigentlich nie Feierabend zu haben.

In den Medienberufen – und selbstverständlich auch anderswo – existieren Abläufe und Zwänge, die schlicht und einfach kinderfeindlich sind. Wer Beruf und Familie täglich unter einen Hut kriegen will, sollte zum Beispiel lieber darauf verzichten, Fernsehbeiträge zu produzieren. Kinder brauchen ihre Eltern regelmäßig, nicht im Schichtbetrieb. Eine Woche Dreh in Jottwehdeh, eine Woche von morgens bis abends im Schneideraum, dann eine Woche nichts zu tun: Diese aufreibend-aufregende Arbeits- und Lebensweise mag dem ungebundenen Jungfilmer gefallen; für Leute, die von ihren Kindern im Alltag etwas mitbekommen wollen, ist sie eher ungeeignet.

Sich das eigene Pensum frei einteilen zu können, wenn auch in den von beruflichen Gegebenheiten gesetzten Grenzen, ist ein großes Privileg in einer immer noch von Anwesenheitskultur und starrer Zeitdisziplin bestimmten Arbeitswelt. Etablierte Freiberufler, falls sie sich nicht gerade im aktuellen Nachrichtengeschäft tummeln, haben in der Regel mehr Spielraum als Festangestellte, die manchmal zu Recht klagen, dass sie ihre Kinder fast nur noch am Wochenende sehen. Die Arbeitszeiten zum Beispiel von Tageszeitungsredakteuren dehnen sich häufig in die Abendstunden aus und kollidieren so mit der „Familien-Kernzeit" zwischen 17 und 21 Uhr. Auch viele Hörfunk- und Fernsehkollegen sind in starre Pläne eingebunden: Die eigene Sendezeit passt dummerweise überhaupt nicht zu den Öffnungszeiten der Kindertagesstätte.

Reduzierte Stellen, die nicht automatisch einen Abstieg in der Hierarchie bedeuten, sind in meinem Berufsfeld bisher die Ausnahme. Engagierte Zeitpionierinnen haben in Funk- oder Verlagshäusern unkonventionelle Modelle durchgesetzt – etwa, indem sich drei Mitarbeiterinnen zwei Stellen teilen. Die rein weibliche Schreibweise ist an dieser Stelle Absicht: Erst der wachsende Frauenanteil in den Medien hat dazu geführt, dass die Herren in den Personalabteilungen das Thema Familie nicht mehr einfach ignorieren können. Journalistinnen, die nach Schwangerschaft und Elternzeit an ihren Arbeitsplatz zurückkehren, müssen allerdings damit rechnen, dass dieser anders aussieht. Denn die Branche ist schnelllebig: Sendereihen werden eingestellt, Talkshows abgesetzt, Ressorts umstrukturiert.

Wem nicht nur der Beruf, sondern auch das Private wichtig ist, zahlt einen Preis. Darüber kann auch die wolkige Rhetorik, die den „familienfreundlichen Betrieb" preist, nicht hinweg täuschen. Wer für seine Kinder Zeit haben will, macht nicht die steile Karriere des ehrgeizigen Kollegen, der sich voll und ganz seiner Aufgabe verschrieben hat. Wer in größerem Umfang Haus- und Erziehungstätigkeiten übernimmt, muss am Arbeitsplatz mit Nachteilen rechnen. Wer in Elternzeit geht und danach seine Stelle reduziert, hat vielleicht eine Jobgarantie, aber keineswegs die Sicherheit, einen spannenden Job zu haben. Er sollte das Risiko einkalkulieren, sich in diesen Jahren beruflich kaum verändern zu können. Der Aufstieg auf der Leiter ist reserviert für Kinderlose beiderlei Geschlechts – und für jene Männer mit Familie, denen eine fürsorgliche Gattin alles abnimmt, was sie vom Geldverdienen abhalten könnte.

Väter wie Mütter stehen heute nach einer (meist kurzen) Babypause unter starkem Druck, sich schnell wieder im Beruf zurechtzufinden. Und auch wenn der Wiedereinstieg gelingt, kann es frustrierend sein, lukrative Angebote ausschlagen zu müssen, weil die Zeit und die Flexibilität fehlen. Der hochkarätig besetzte Kongress in der Schweiz, die attraktive Bildungsreise nach Osteuropa, das persönliche Gespräch mit dem spannenden Wissenschaftler, das aber bedauerlicherweise eine mehrtägige Abwesenheit von zu Hause voraussetzt: Auf solche Gelegenheiten müssen Eltern von Kleinkindern meist notgedrungen verzichten. Eine gewisse Bodenständigkeit ist in dieser Lebensphase einfach notwendig.

Mitnichten handelt es sich hier um ein spezifisches Problem der Medienbranche. Viele der geschilderten Schwierigkeiten lassen sich auf andere Bereiche der Arbeitswelt übertragen. Mancherorts sind die Hindernisse, mit denen engagierte Väter konfrontiert sind, sogar noch größer. Im beruflichen Alltag der meisten Männer spielt ihr Vatersein kaum eine Rolle. Die Mehrheit der Unternehmen richtet den Blick ausschließlich auf Frauen. Männer haben keine Probleme, und sie machen keine Probleme! Während Vorgesetzte den Müttern bestimmte Vorrechte wie die Nutzung der Elternzeit oder auch von Teilzeitangeboten relativ selbstverständlich zugestehen, wird Vaterschaft am Arbeitsplatz fast tabuisiert. Männer mit Kindern äußern Wünsche, die ihre persönlichen Schwierigkeiten bei der „Vereinbarkeit" betreffen, jedenfalls kaum im betrieblichen Umfeld.

So ist es sicher kein Zufall, dass sich die zarten Pflänzchen einer „Väter-Bewegung" eher im Privatleben artikulieren. Eine wichtige Anlaufstelle bilden dabei kirchliche Einrichtungen und informelle, privat organisierte Netzwerke wie etwa Väterstammtische. Jenseits der Konkurrenzsituation im Berufsalltag sind Männer offenbar eher bereit, sich persönlich zu öffnen und ihr Väter-Dilemma zu beschreiben. Auf lokaler Ebene richtet sich eine steigende Zahl von Initiativen, Bildungsangeboten und Veranstaltungen gezielt an Väter. Regionale Netzwerke wie das Männer-Väter-Forum im Rheinland, der „Papaladen" in Berlin, das Väterzentrum in Hamburg oder das Aktionsforum Männer und Leben im Rhein-Main-Gebiet bündeln dieses Engagement. Das „Väter-Experten-Netz Deutschland" (VEND) und elektronische Angebote wie die Internet-Plattform „vaeter.de" rücken solche Aktivitäten verstärkt in die Öffentlichkeit.

Wenn ich mit dem Kölner Männer-Väter-Forum auf Veranstaltungen einen Informationsstand anbiete, mache ich stets ähnliche Erfahrungen: Mindestens die Hälfte der Rat Suchenden spricht uns auf das Thema Trennung und Scheidung an. Männer denken über sich selbst offenbar vorrangig in persönlichen Krisensituationen nach: Diese Beobachtung machten Dieter Schnack und ich schon bei den Recherchen für unser Buch „Hauptsache Arbeit?". Auf eine nicht repräsentative Anfrage im weiteren Bekanntenkreis, sich zum Thema „Männer zwischen Beruf und Familie" zu äußern, antworteten damals überwiegend Väter, die in einer Ehekrise steckten oder sich von ihrer Partnerin getrennt hatten; Männer, die krank geworden waren oder den Verlust eines nahen Angehörigen verkraften mussten.

Beruflich stark engagierte Väter machen sich leider häufig erst dann Gedanken, wenn es für die Rettung ihres Privatlebens schon zu spät ist. Ihr „Vereinbarkeitsproblem" liegt weniger darin, im Job der Kinder wegen auf Karriereschritte verzichtet zu haben – wie es viele Mütter berichten. Vielmehr haben sich diese Männer lange Jahre nahezu ausschließlich auf ihr betriebliches Fortkommen und auf die Ernährerrolle in der Familie konzentriert. Jetzt lautet das sie verbitternde Ergebnis, dass sie allein in einem überteuerten Apartment sitzen und (teilweise vielleicht sogar zu Recht) über hohe Unterhaltszahlungen und wenig Kontakt zu ihren Kindern klagen. Wenn sie dann als Sonntagspapi durch den Zoo streifen oder in den Ferien mit dem Sohn auf Kanutour gehen, wird ihnen plötzlich bewusst, was sie verpasst haben. Wieso ist ihnen ihr eindimensionales, nur auf den beruflichen Erfolg fixiertes Leben, ihre randständige Rolle in der eigenen Familie, ihre private Verkümmerung bloß nicht früher aufgefallen?

Mit diesem Buch will ich Vätern Mut machen, trotz aller Hindernisse und Bedenken ein großes Abenteuer zu wagen. Ich möchte ihnen zurufen: „Verpass' nicht die Rolle deines Lebens!" So lautete einst der treffende Slogan einer Werbekampagne des nordrhein-westfälischen Familienministeriums. Zugleich möchte ich eine Bilanz meiner langjährigen Vortragstätigkeit ziehen: Wie weit ist das Väter-Thema voran gekommen? Wie sind die Perspektiven einer „Väter-Bewegung" und kann man von einer solchen überhaupt sprechen? Was wünschen sich die engagierten Väter, was blockiert sie? Und wie kriegen Sie eine gute Balance zwischen Kind und Karriere hin?

Im nächsten Kapitel erzähle ich die Geschichte von Max und Sandra. Die Geschichte eines jungen Elternpaares, das mit hohen Ansprüchen in die Familienphase startet – und diese Schritt für Schritt revidieren muss, mit vielfältigen Hürden konfrontiert wird. Besonders interessiert mich dabei, welche Spielräume Max in diesem Beziehungsgefüge hat. Hat er die Chance, zwischen Laptop und Wickeltisch (später vielleicht zwischen Abteilungsleitung und Mathenachhilfe) zu pendeln und dabei im persönlichen Gleichgewicht zu bleiben?

Im Hamsterrad: Da kann Mann sich die Knochen brechen!

Mein Chef hat für 18 Uhr eine wichtige Sitzung angesetzt. „Dann ist es ein bisschen ruhiger hier, dann klingeln nicht mehr so oft die Telefone", hat er den Termin verständlich machen wollen. Stimmt, ist nicht mehr so hektisch am späten Nachmittag. Aber hatte ich nicht was vor um die Zeit? Richtig. Um halb sechs wollte ich eigentlich meine Tochter von der Theaterprobe abholen! Das geht nun leider nicht.

Denn das Meeting ist einfach wichtig. Wenn der Chef bloß nicht immer so umständlich und ermüdend ins Thema einführen würde. Das kann locker bis halb neun dauern. Die Kleinen sind wahrscheinlich längst im Bett, wenn ich nach Hause komme. Dann ist es eigentlich sowieso egal. Dieser Auftrag hier muss nämlich unbedingt noch raus. Das ganze Projekt soll bis Freitag abgeschlossen sein, haben die Kollegen gesagt. Gut, dass ich da im Moment voll dabei bin. Kann mir nicht dauernd eine Blöße geben.

War schlimm genug letzte Woche, als ich nicht gemerkt habe, dass an meiner Hose noch ein Rest vom Babybrei klebte. Die Sekretärin hat es leider zu spät gesehen. Da hatte sich unsere Runde in der Kantine bereits köstlich amüsiert. Gefeixe über den „neuen Vater". Ziemlich peinlich, zumal der Abteilungsleiter daneben saß.

Zu Hause ist auch nicht nur Zuckerschlecken. Jedes Mal, wenn ich abends reinkomme, diese vorwurfsvolle Miene. Den Kleinen kriege ich schneller in die Hand gedrückt, als ich die Aktentasche abstellen kann. Dass wieder Stau war auf der Autobahn, interessiert keine Sau. Ich habe auch einen anstrengenden Tag hinter mir!

Gut, dass die Säuglingszeit langsam vorbei ist. Dauernd nachts aufwachen oder gar aufstehen, weil der Schnuller verschwunden ist. Und diese Gespräche auf den Bänken im Stadtpark! „Also mein Nicki schläft immer noch nicht durch." Die Väter-Bastelabende bei der Großen im Kindergarten sind auch nicht viel besser. Veranstalten die Erzieherinnen die nur, um uns vorzuführen? Dieser strenge Blick, weil ich das Basismaterial für den Adventskranz vergessen hatte: „Wo ist denn Ihr Rohling?" Ich wusste nicht, was die überhaupt meinte. Es ging doch nicht um eine leere CD? Und an dem Abend war auch noch Champions League ...

Ein Freund hat mir beim Sport erzählt, das Wort Karriere komme vom lateinischen „carrus". Die römischen Wagenrennen führten immer im Kreis herum. Das Bild von der Karriereleiter ist also völlig verkehrt. Es geht gar nicht unbedingt immer weiter nach oben. Kann genauso gut ein Hamsterrad sein. Von dem bei hoher Geschwindigkeit abzuspringen ist allerdings auch ziemlich riskant. Da kann Mann sich die Knochen brechen! So lange ich mitfahre, bleibe ich immerhin in Bewegung. Nur schade, dass ich meine Kinder so selten sehe.

Max und Sandra – Das Experiment geteilte Elternschaft

Arbeit mit Dingen, Arbeit mit Menschen – Berufliche Chance zur gleichen Zeit – Sie verzichtet, er arbeitet umso mehr – Der Mann als Profiteur? – Ein Magnet und seine Sogwirkung

> „Als sie das Kind beschlossen hatte, wollte sie etwas ganz anderes: Mit ihrem Baby begreifen, wie einfach Zeit vergehen kann, wie unnötig das Müssen war. Sie hatte Mütter gesehen, die schwatzend auf den Spielplätzen saßen, mit fünf Kilo zuviel unter dem Sweatshirt und einem glücklichen Gesichtsausdruck. Etwas Pflanzliches war ihnen eigen, eine Selbstzufriedenheit, die ihren tiefen Neid auslöste. Sie wollte Umstandskleider tragen und behäbig sein, die Seminararbeiten beiseite räumen und Pflaumenkuchen backen. Nicht mehr die Goethezeit bebrüten, sondern ein eigenes Kind; kompetent sein: in Sachen Bauchkrämpfe und Fencheltee, Gewitterangst und Kinderläden. Sie wollte ihren Umfang lieben und ihre Langsamkeit, die Elemente und das Einfache.“
>
> Elke Schmitter, Leichte Verfehlungen

Max und Sandra haben sich das erste Mal auf einer Party an der Universität getroffen. Organisiert hat sie der Fachbereich, an dem Max damals studierte, die Verfahrenstechnik. Der Männeranteil in seinem Studiengang lag (und liegt bis heute) bei fast neunzig Prozent. In den Ingenieurwissenschaften müssen sich die Studenten etwas einfallen lassen, wenn sie Frauen kennenlernen wollen. Max und seine Freunde kamen damals auf die Idee, mit der Pädagogischen Hochschule Kontakt aufzunehmen – dort betrug umgekehrt der Anteil der Studentinnen mehr als zwei Drittel. Die Feier war denn auch ein voller Erfolg, besonders für Max und Sandra. Sie wurden ein Liebespaar, zogen schon bald zusammen. Sie machten lange Reisen, verlebten glückliche Jahre. Dann wurde Sandra schwanger, sie heirateten und gründeten eine Familie. Eine Geschichte, so scheint es, wie aus dem Bilderbuch.

Max ist inzwischen Abteilungsleiter in einem Chemieunternehmen. Sandra hat nach dem Studium nicht sofort eine passende Stelle gefunden und dann eine Weile als Logopädin gearbeitet. Als ihr Sohn geboren wird, hört sie auf – „vorläufig“, wie sie im Bekanntenkreis stets betont. Sie geht in den Erziehungsurlaub, wie die Babypause in dieser Zeit noch hieß. Sandra ist sich der Risiken, im Beruf länger auszusetzen, durchaus bewusst. Anderthalb Jahre später, die Stillphase ist vorbei, Leon kann laufen und beginnt zu sprechen, drängt sie auf eine andere Regelung. Max unterstützt die Wünsche seiner Frau. Er hat doch kein „Heimchen am Herd", sondern eine selbstbewusste Partnerin gewollt! Die jungen Eltern nehmen sich vor, die Familienaufgaben anders zu verteilen – und machen sich auf die Suche nach einer passenden Kindergruppe. In der Universitätsstadt gibt es Angebote auch für Kleinkinder, in einer Elterninitiative werden sie schließlich fündig. Leon integriert sich nach schüchterner Anfangszeit prächtig. Sandra kehrt an ihren alten Arbeitsplatz zurück, dann aber kündigt sich Mara an. Das zweite Kind.

Acht Monate später ist Sandras kurzes berufliches Zwischenspiel schon wieder beendet. Mara entpuppt sich als ein schwieriges Baby, sie ist häufig krank. Dem Großen geht es gut im Kindergarten, die Kleine aber braucht viel Aufmerksamkeit. Ihre Mutter traut sich nicht, sie ähnlich früh wie ihren Bruder in eine öffentliche Betreuungseinrichtung zu geben. Aus einem Jahr Elternzeit, wie ursprünglich geplant, werden schließlich drei. Statt sich für ihren Job fortzubilden, sitzt Sandra stundenlang mit anderen Müttern zusammen. Auf Spielplätzen, an Küchentischen und in Krabbelgruppen reden sie über Halsschmerzen und Keuchhusten, tauschen Tipps aus über Ärzte oder Tagesmütter. Das ist kein durchgehend nutzloses Wissen, und es kann sehr entspannend sein, einfach die Seele baumeln zu lassen. Von ihren beruflichen Ambitionen aber entfernt sich Sandra sich immer weiter.

Max winkt ab, als sie ihn um mehr Unterstützung bittet. Nach seinem Studium hat er kurz mit der Freiberuflichkeit geliebäugelt, mit Freunden von der Universität sogar eine kleine, hochspezialisierte Firma gegründet. Doch das unternehmerische Experiment ist schnell wieder gescheitert. Als Leon geboren wird, sitzt Max längst auf einer festen Stelle. Wenn er vorwärts kommen wolle, erklärt er seiner Frau, müsse er seinem Beruf Priorität einräumen, könne keine Auszeiten nehmen oder kürzer treten. Und: „Wir brauchen doch das Geld."

Max arbeitet mit Dingen, Sandra arbeitet mit Menschen. Max ist seit seinem Hochschulabschluss stets durchgehend angestellt, Sandra hat wegen der Kinder zweimal ausgesetzt. Max wird sehr gut bezahlt, als technischer Experte verdient er fast das Doppelte dessen, was Sandra mit einer vollen Stelle als Logopädin nach Hause bringen könnte. Theoretisch ist beiden klar, dass diese Gehaltsdifferenz gesellschaftliche Ursachen hat. Die Familie braucht ein stabiles und ausreichendes Einkommen, aber eigentlich sollte die Höhe der Verdienste nicht die Aufgabenverteilung in ihrer Beziehung beeinflussen. Frauenarbeit ist doch nicht weniger wert!

Wenn sich Max und Sandra früher mit Freunden zum Essen getroffen haben und das Thema Kinderwunsch aufkam, war eines immer klar: Er wollte nicht nur Ernährer und privater Mithelfer, sie nicht nur Hausfrau und Mutter sein. Selbstverständlich würden sie sich das teilen, sich beide um den Nachwuchs kümmern! Dem Anspruch nach lag ihnen nichts ferner als ein Modell, bei dem Max für die Außenaufgaben und Sandra für die Innenaufgaben der Familie zuständig ist. Doch schon vor Leons Geburt, als sie wie zwei unabhängige Individuen zusammenlebten, existierte zwischen ihnen ein (verstecktes) ökonomisches Gefälle. Und seit sie gemeinsam Eltern sind, spielt dies im Alltag plötzlich eine Rolle. Der sanfte Druck wirtschaftlicher Zwänge, kombiniert mit kulturellen Normen und tradierten Bildern, treibt sie in eine eigentlich unerwünschte Richtung.

Max verdient einfach mehr, und Sandra macht sich mehr Sorgen um ihre Tochter. Sie akzeptiert deshalb „erst einmal", sich hauptverantwortlich um die Familie zu kümmern. Sie betrachtet das freilich als Lösung auf Zeit. Das wird sich alles zeigen! Später, stellt sie sich vor, kann ja dann ihr Mann beruflich kürzer treten. Gleichheit in einer Partnerschaft bedeutet schließlich nicht, in jeder Lebensphase sklavisch auf „halbe-halbe" zu bestehen. Bei manchen Aufgaben kann es sogar sehr effektiv sein, klare Zuständigkeiten abzusprechen.

Ein paar Jahre später, Leon geht inzwischen in die Schule, Mara besucht den Kindergarten, erhält Sandra ein überraschendes und sehr lukratives Angebot. In einer der größten Schulen der Stadt, die für ihre innovativen und integrativen Konzepte in der Arbeit mit lernschwachen Kindern bekannt ist, wird eine Ganztagsstelle frei. Sandra bewirbt sich und hat dank persönlicher Empfehlungen gute Chancen. Max aber meldet massive Bedenken an. Er will gerade jetzt beruflich „bei der Stange bleiben", sieht die Möglichkeit, bald befördert zu werden und in die Führungsetage aufzusteigen. „Damit sind wir doch alle viel besser abgesichert!"

Die lockende Karrierechance zur gleichen Zeit überfordert die Paarbeziehung. Für Sandra ist es ein Schock, die Stunde der Wahrheit: Kann sie ihren Mann überhaupt noch ernst nehmen, wenn er sich für seine Familie begeistert, wenn er behauptet, er wünsche sich mehr Zeit für seine Kinder? Wie kooperativ ist Max wirklich bei der Aufteilung von Erwerbs- und Familienarbeit? Es kommt zu endlosen Debatten am Wohnzimmertisch, zu einer zermürbenden Ehekrise. Sandra spricht mit ihren Freundinnen, sie will nicht einfach zurückstecken. Max ist ratlos, er sieht für sich wenige Kompromisse. Immer wieder betont er, in seiner Firma gebe es keine Spielräume, kürzer zu treten oder gar Teilzeit zu arbeiten. Und: „Wer soll denn demnächst mittags kochen, wenn die Kinder nach Hause kommen?" Sandra schlägt vor, sich mit anderen Eltern abzuwechseln, eine Schule mit Mittagessen zu suchen, ein Au-Pair-Mädchen oder gar eine Haushälterin zu beschäftigen. Finanziell würde das vielleicht sogar klappen, schließlich verspricht ihr neuer Job gutes Geld.

Das Kernproblem beider Stellen wären die langen Arbeitszeiten. Die Vorgesetzten haben deutlich signalisiert, dass sie Anwesenheit bis mindestens 18 Uhr erwarten. Max müsste in seiner neuen Funktion mehrtägige Dienstreisen in Kauf nehmen, Sandra hätte Sondertermine am Abend und am Wochenende. Bei diesem Gedanken ist ihr nicht wohl. Sie hat zwar volles Vertrauen in die Kompetenz der Pädagoginnen, die ihre Kinder betreuen. Aber ihre Familie hat sie ja nicht gegründet, um dann keine Zeit für sie zu haben. Und nun ist auch noch ihr Mann sauer.

Sandra verzichtet nach langem Ringen mit sich selbst. Sie will ihre Ehe nicht gefährden, und als Alleinerziehende wäre der anspruchsvolle Leitungsjob noch schwieriger durchzuhalten. Sie bleibt Hausfrau und Mutter, kocht und putzt, bastelt Weihnachtssterne und organisiert Kindergeburtstage, bis auch ihre Tochter in die Schule kommt. Dann fängt sie an, wieder stundenweise als Logopädin auszuhelfen. Die Kinder werden größer und selbstständiger, stufenweise kann sie ihr berufliches Zeitkontingent steigern. Mit einer Führungsposition allerdings hat ihre Arbeit nichts zu tun, und ein vergleichbares Angebot wie das vor ein paar Jahren kommt erst mal nicht wieder.

Max ist jetzt beruflich stark engagiert, regelmäßig kommt er auf Arbeitszeiten von 60 Stunden pro Woche oder sogar mehr. Zwei bis drei Mal im Monat ist er mehrere Tage lang irgendwo in der Republik unterwegs, betreut umfangreiche Projekte, auch im Ausland. Er kommt voran, wird von seinen Kollegen geachtet und geschätzt. Sandra hingegen fühlt sich als Opfer. Ihre damals akuten Eheprobleme hat sie durch ihren Rückzug entschärft, aber nicht gelöst. Ihr unterschwelliger Vorwurf „Dir zuliebe habe ich doch alles aufgegeben" bleibt ein Dauerbrenner abendlicher Streitereien. Spannung, Ärger und viel Schweigen brodeln unter der Oberfläche eines nach außen hin intakt wirkenden Familienlebens. Sandra hadert mit ihren verpassten beruflichen Chancen, sie wird krank, fängt eine Therapie an. Besserung scheint nicht in Sicht.

Paare wie Max und Sandra gibt es Hunderttausende. Junge Eltern, die mit hohen Ansprüchen an eine partnerschaftliche, vielleicht sogar egalitäre Arbeitsteilung in die Familienphase starten. Männer, die trotz aller Liebe zu ihren Kindern ihrem Beruf letztlich Priorität einräumen – und denen die vielfältigen Hindernisse, die ihre Chefs familienorientierten Vätern in den Weg legen, manchmal durchaus ins Konzept passen. Denn in den privaten Beziehungskonflikten werden daraus schwer widerlegbare Argumente – für die Beibehaltung der traditionellen Arbeitsteilung.

Und die Frauen? Viele stecken wie Sandra freiwillig zurück. Sie haben eine gute Ausbildung, wählen aber meist Berufe, die gesellschaftlich weniger zählen und schlechter bezahlen werden als zum Beispiel die Verfahrenstechnik. Sie haben ein schlechtes Gewissen, weil der in Deutschland besonders ausgeprägte Mythos, dass eine gute Mutter möglichst lange bei ihren Kindern zu sein hat, immer noch bestens funktioniert. Ihren stärker von Fürsorge geprägten Beitrag in der Familie werten sie zusätzlich ab, indem sie ihren ökonomischen Anteil am Haushaltseinkommen falsch berechnen. Sandras Halbtagsarbeit wird steuerlich ungünstig eingestuft: Durch das Ehegattensplitting hat ihr geringerer Verdient auf den ersten Blick höhere Abzüge als das Einkommen ihres Mannes. Den Gehaltszettel interpretiert sie selbst so, dass unter dem Strich nicht viel mehr übrig bleibt, als die Betreuung kostet. Angeblich arbeitet sie „für ein Taschengeld" oder „nur für die Kinderfrau". Dabei müsste sie eigentlich an jedem Monatsende einige hundert Euro von Max verlangen – als finanziellen Ausgleich für die Vorteile seiner Steuerklasse.

Wie kann es gelingen, die guten Vorsätze bei der Familiengründung nicht binnen weniger Jahre scheitern zu sehen? Wie schaffen es Paare, langfristig zusammen glücklich zu sein? In unserer Fallgeschichte erscheint Max als der Profiteur, der sich gegen seine Frau durchgesetzt hat. Aber ist er mit seinem Leben wirklich im Lot? Was bekommt er als Vater noch mit von Leon und Mara? Wenn er an das Leben seiner Kinder denkt, ergibt sich ein unscharfes Bild. Hat er im letzten Jahr eine einzige Klassenarbeit genauer angesehen? Weiß er, wo genau der Kinderarzt seine Praxis hat? War er mal (mit) auf einem Elternabend, bei der Nikolausfeier, bei einem Sportfest oder bei einer Theateraufführung in der Schule? Wie heißt die Lehrerin und welches

Fach unterrichtet sie – falls er sie zufällig auf der Straße trifft? Kennt er die Namen der wichtigsten Freundinnen und Freunde seiner Kinder? Kommen diese auch mal zu ihm, wenn sie Fragen haben, wenn sie Hilfe brauchen, wenn sie um Erlaubnis bitten? Ist es wirklich ein Privileg, zwölf Stunden täglich zu arbeiten, zu Hause aber nur Zaungast zu sein? Den ewigen Praktikanten zu geben, der die Kleidung angeblich falsch wäscht? Der im Supermarkt ewig lange nach dem Lieblings-Toastbrot seiner Tochter suchen muss? Der nicht mal weiß, wo sich die Hausapotheke mit dem Verbandszeug befindet, wenn sich sein Sohn das Knie aufgeschlagen hat?

Und: Wann hat Max eigentlich seinen besten Freund von der Universität zuletzt getroffen? Warum fährt er mit ihm nicht wie früher ein paar Tage während der Weinlese zum Wandern ins Elsass? Warum geht er nicht mehr zum Sport im Handballklub, dem er längst die Mitgliedschaft gekündigt hat? Max hat schlicht zu wenig Zeit, er fühlt sich überfordert. Trotz seiner starken beruflichen Belastung möchte er seinen Kindern ein guter Vater zu sein. Manchmal schafft er es immerhin, halbwegs pünktlich nach Hause zu kommen und der Kleinen noch was vorzulesen. Mit Leon war er kürzlich sogar im Stadion. Aber was ist mit seiner alten Clique, überhaupt mit seinen Interessen jenseits von Job oder Familie?

Nicht nur Sandra, auch Max hat wenig Spielraum, sich zu verändern, wenn das althergebrachte Muster der Arbeitsteilung zwischen Eltern über einen längeren Zeitraum festgezurrt ist. Weil Sandra sich für ihre Familie entschieden hat, ist eine Karriere, die ihrer akademischen Ausbildung entsprechen würde, kaum noch möglich. Was sie zum Haushaltseinkommen beisteuern kann, reicht einfach nicht aus. Max hat längst keine andere Wahl mehr, als Vollzeit zu arbeiten. Sonst käme die vierköpfige Familie doch gar nicht über die Runden! Die Ausgaben für die Kinder steigen, je älter sie werden. Und letztes Jahr sind sie umgezogen in eine größere und teurere Wohnung, damit endlich jeder sein eigenes Zimmer hat.

Max verhält sich wie die meisten jungen Väter. Selbstredend befürwortet er, dass es gleichberechtigt zugeht in seiner Partnerschaft. Zugleich ist er aber auch stolz darauf, die Ernährerrolle ausfüllen zu können. Wenn Sandra so wenig verdient, muss er sich eben beruflich voll engagieren! Sein Arbeitsplatz kommt ihm manchmal vor wie ein Magnet, der eine unwiderstehliche Sogwirkung entfaltet, der ihn hinaus zieht aus der Familie. Wenn seine Frau nur nicht so häufig unzufrieden wäre! Ihre depressiven Phasen belasten ihn sehr. Wenn er sich

Sorgen macht über die Zukunft, geht es ganz selten um materielle Dinge. Er fürchtet um seine Ehe.

Wie kann er Sandra glücklich machen? Sie ist nicht der Typ, der sich mit Einladungen, Schmeicheleien oder Geschenken zufrieden gibt. Besuche im Fitness-Studio, Tupper-Parties oder Kaffeekränzchen unter Nachbarinnen füllen sie erst recht nicht aus. Ehrenämter im Sportverein oder in der Schulpflegschaft sind schon besser. Wenn es nach ihm ginge, könnte sie sogar noch mal neu anfangen zu studieren. Aber wozu? Eigentlich möchte Sandra mit einer sie herausfordernden Arbeit Geld verdienen – genau wie er selbst. Sie hat zwar inzwischen wieder eine Teilzeitstelle, aber eben weit unter ihren Möglichkeiten. Wäre es denn wirklich besser gewesen, wenn er damals auf den tollen Job verzichtet hätte? Hätte er sich geduldet, andere Prioritäten setzen sollen? Mit Sicherheit wäre er dann heute nicht Führungskraft. Aber vielleicht hätte er dafür eine zufriedene Partnerin.

Beweglichkeit bei der Arbeitsteilung von Paaren setzt voraus, dass Männer und Frauen zumindest in etwa gleiche Chancen realisieren können. In unserem Beispiel kann sich die Familie schon aus finanziellen Gründen nicht erlauben, dass Max Sandras Rolle zeitweise übernimmt. Ihrer Beziehung aber würde es bestimmt gut tun, wenn sie beruflich weniger abgehängt ist. Wenn junge Eltern nicht in diese verfahrene Lage geraten wollen, brauchen sie in Schlüsselsituationen den Mut, ein geradezu paradoxes Verhalten zu riskieren. Für Max und Sandra war diese Schlüsselsituation, als die Kinder noch klein waren und beide zur gleichen Zeit ein attraktives berufliches Angebot bekamen. Max hätte sich, scheinbar unvernünftig, auf eine Art „Karriereverzicht auf Zeit" einlassen müssen – damit Sandra den Rückstand, den sie durch ihre zweimalige Babypause in Kauf genommen hat, aufholen kann.

In diesem alternativen Szenario reduziert Max befristet seine Stelle. Er wird im Laufe der Jahre ein sehr präsenter und engagierter Vater, der im Familienleben keine Nebenrolle mehr spielt. Er findet wieder Zeit, seine Freunde zu treffen, er treibt wie früher regelmäßig Sport. Der berufliche Abstand zwischen ihm und seiner Frau wird nicht mehr täglich größer – weil sie beide bereit sind, auch mal abzuwarten und ihre Möglichkeiten wechselseitig zu nutzen. Zu Hause werden sie auf diese Weise zu wirklich gemeinsam verantwortlichen und gleich kompetenten Eltern. Sie haben eine Arbeitsteilung gefunden, die die jeweiligen Interessen berücksichtigt. Das Risiko, dass ihre Beziehung scheitert und die Familie zerbricht, ist dadurch deutlich gesunken.

Genug geträumt. Wie viele Paare haben sich Max und Sandra damals anders entschieden. Sie sind in die Traditionsfalle gestolpert. Für Max heißt das, dass er die meisten familiären Erfahrungen nur indirekt, über die Erzählungen seiner Frau, mitbekommt. Für Sandra bedeutet es, dass sie beruflich stagniert. Die wenigsten Eltern kleiner Kinder finden eine gleichmäßig austarierte Lösung. Das Modell, dass er „voll" und sie „halb" oder „ein bisschen" verdient, ist trotz aller Ansprüche an gleichberechtigte Teilhabe das gängige Modell unter jungen Vätern und Müttern. Haben sich beide erst einmal so arrangiert, wird es schwierig, in einer späteren Lebensphase einen ganz anderen Weg einzuschlagen.

Sandra setzt auf Zeit, darauf, dass die Kinder größer werden. Sie hofft, irgendwann doch noch eine Stelle zu bekommen, die ihrer Qualifikation entspricht. Max hofft auf etwas mehr Ruhe in der zweiten Hälfte seines Berufslebens. Kriegen die beiden es hin, ihren beruflichen und seinen privaten Rückstand aufzuholen? Gelingt es ihnen, trotz aller Widrigkeiten zusammen zu bleiben? Am Ende dieses Buches komme ich darauf zurück.

Das nächste Kapitel stellt zunächst ein Paar vor, das ein völlig anderes Arrangement getroffen hat. Es will eine „doppelte Karriere" mit dem Leben als Familie vereinbaren – und holt sich für diese Quadratur des Kreises viel Unterstützung von außen. Anschließend geht es darum, warum dieses Modell in der Realität meistens nicht funktioniert. Welche traditionellen Geschlechterbilder blockieren die Umsetzung einer wirklich geteilten Elternschaft? Wollen Frauen überhaupt den „neuen Mann"? Wie kommen Väter mit Müttern klar, die genauso viel oder sogar mehr zum gemeinsamen Einkommen beitragen als sie selbst? Was enthält denn nun mehr Risiken, die herkömmliche Arbeitsteilung oder das Rollenexperiment?

Typologie: Was für ein Vater bin ich?

Abwesend, zu wenig engagiert, eine Randfigur – wenn über Väter öffentlich debattiert wird, klingt das meist nach Vorwurf. In der Tat sind egalitär orientierte Männer, die sich mit ihren Frauen Erwerbs- und Erziehungsarbeit auf Augenhöhe teilen, bisher eine Minderheit. Doch heißt das automatisch, dass alle anderen ihrer Rolle nicht gerecht werden? Auf ganz verschiedene Art und Weise engagieren sich Männer in ihrer Familie. Was für ein Vater bin ich? Ohne Anspruch auf Systematik und Vollständigkeit folgt eine kleine Typologie.

Der Abteilungsleiter

Der Abteilungsleiter bemüht sich, seinen Kindern die Verhaltensregeln des Arbeitslebens nahe zu bringen. Er strukturiert den Kontakt zu ihnen entlang jener Normen, die er am besten kennt. Er sorgt sich um ihre Durchsetzungsfähigkeit und Anpassungsbereitschaft, kümmert sich um sportliche Leistungen und Schulnoten, um den richtigen Umgang, kurz: um die Zukunft.

Allerdings funktionieren Kinder und Jugendliche anders als Arbeitnehmer – schon deshalb, weil man sie zwar abmahnen, aber nicht fristlos entlassen kann. Kindheit lässt sich nicht wie eine Berufslaufbahn organisieren. Im Arbeitsleben haben Störungen, Befindlichkeiten und Krisen meist keinen Platz. Der Einzelne hat zu funktionieren und die vereinbarte Leistung zu erbringen. Die Orientierung an diesen Erfahrungen im Beruf kann Väter verleiten, mit den Problemen ihrer Kinder zu fordernd und zu normativ umzugehen. Wer sein Kind gut durch die Jahre begleiten will, kann sich nicht damit begnügen, Pflichten anzumahnen. Im Alltag von pubertierenden Jugendlichen zum Beispiel geht es auch um Träume, um Sexualität, um das neugierige Entdecken neuer Welten, um Risiko und Rausch. Solche Aspekte des Lebens spielen im Berufsalltag aber keine große Rolle. Ein Vater, der seinen Kindern ausschließlich Dienstanweisungen erteilen möchte, gilt als streng und „bossy", bleibt aber relativ einflusslos.

Der Schauspieler

Der Schauspieler ist Teil einer Seifenoper, die das Stück „Heile Familie" inszeniert. Sämtliche Aspekte der Väterlichkeit kommen auf die Bühne. Papa kann strafen, schimpfen, sorgen, spielen, zärtlich sein. Alles findet statt, aber nichts stimmt. Jeden Abend geben die Kinder dem Vater einen Gutenachtkuss. Spaziergänge sind schön, Weihnachten erst recht. Was Papa sagt, ist wichtig. Kinder gehorchen, besonders wenn Verwandte, Freunde oder Nachbarn zu Besuch sind. Im Urlaub hat der Vater den Plan und das Portemonnaie. Das komplette Team weiß, wie erbärmlich die Dialoge sind, aber es steht im Drehbuch, welches Gesicht jeder zu machen hat. Papa braucht nicht Recht zu haben, wichtig ist, dass er in regelmäßigen Abständen Recht bekommt. Weil die Story vorne und hinten nicht stimmt und die Personen sich nicht entfalten können, werden in immer kürzeren Abständen dramaturgische Höhepunkte gebraucht. Die besonders eindrucksvolle Bestrafung, die grandiose Predigt über die Lage der Jugend seit Sokrates, die gerade gerückten Möbel, das ganz, ganz offene Gespräch mit den Kindern.

Väterlichkeit als Rollenspiel ist äußerst anstrengend. Der Hauptdarsteller gibt ständig Kostproben seines breiten Repertoires, es gelingt ihm aber kaum, zu den anderen in Kontakt zu kommen. Es erfordert große Disziplin, die damit verbundene Selbsttäuschung dauerhaft auszuhalten. Um sich seelisch zu stabilisieren, suchen sich schauspielernde Väter neben dem Beruf noch andere Aktionsfelder außerhalb der Familie.

Der engagierte Vollzeitarbeiter

Auch Männer, die im Beruf eine volle Stelle haben, können gute Väter sein. Das klingt banal, geht in der weiblichen Schelte über die private „Alltagsvergessenheit" ihrer Partner aber oft unter. Zu dieser Gruppe gehören zum Beispiel Väter, die zu hundsgemeinen Zeiten aufstehen und zur Arbeit fahren, um am Nachmittag Zeit für ihre Kinder zu haben. Schichtarbeiter in der Industrie oder Angestellte im öffentlichen Dienst, die Gleitzeitangebote eigenwillig als Frühdienst interpretieren, nutzen die ihnen angebotenen Möglichkeiten.

Ob es für den Arbeitgeber effektiv ist, wenn ein Finanzbeamter zwar um sechs Uhr morgens am Schreibtisch sitzt, aber nach der Mittagspause schon nicht mehr erreichbar ist, sei dahin gestellt. Für die Familie jedenfalls haben solche Freiräume bei der individuellen Zeitgestaltung große Vorteile. Papa kann die Einkäufe erledigen, Fahrdienste übernehmen und bei den Hausaufgaben helfen. Er bekommt einfach mehr mit, weil er früher als andere Väter zu Hause präsent ist. Im Kontakt zu den Kindern nicht auf die mütterliche „Außenministerin der Kommunikation" angewiesen zu sein, gibt Selbstbewusstsein – und ein Gefühl von Unabhängigkeit.

Der Heimwerker

Am Heimwerker rauscht das Familienleben vorbei. Seine Versuche, die Beziehung zu den Kindern lebendig zu gestalten, empfindet er als gescheitert. Das Verhältnis zu seiner Frau ist voll von Spannungen, so dass Familienbelange nur noch selten gemeinsam diskutiert und geregelt werden. Anstatt sich zu fragen und mit anderen zu besprechen, was ihnen nicht gefällt und was sie anders haben möchten, ziehen sich Väter zurück: in den Fußballverein, an den Stammtisch, in die Werkstatt.

Ein passionierter Heimwerker, das wird häufig abgewertet oder übersehen, kann für die Familie äußerst nützlich sein. Mag seine Frau auch schimpfen, wenn er Brennholz hackt oder das Werkzeug im Keller sortiert, während sie den Wäscheberg abarbeitet: Häufig steckt hinter dem Rückzug des Mannes ein von beiden Seiten akzeptierter und geförderter Versuch, unlösbar scheinenden Konflikten aus dem Weg zu gehen und so die Beziehung nicht zu gefährden.

Der Traditionelle

Das traditionelle Paar verzichtet auf jeden Anspruch von paritätischer Aufgabenteilung zwischen den Geschlechtern. Es hat durchaus Chancen, respektvoll miteinander umzugehen. Im günstigen Fall werden sowohl der Beitrag der Frau als auch der des Mannes gegenseitig respektiert. Der Vater weiß, dass die Mutter durch die Übernahme der Familienarbeit auf eigene berufliche Möglichkeiten verzichtet hat. Er ist aber bereit, zu Hause bestimmte Tätigkeiten verantwortlich zu übernehmen. Väter sind dann oft für Finanzen, das Auto, den Garten, den Hausbau oder ausgewählte Bereiche der Erziehung zuständig.

Kommunikationsfähigkeit und Geduld eines solchen Paares müssen hoch entwickelt sein. Sie muss seinen Mangel an lebendigen Familieneindrücken ausgleichen. Er muss ihren Vorsprung an alltäglicher Kompetenz aushalten – und ihre Informationsdefizite akzeptieren, wenn es um die Zumutungen des beruflichen Alltags geht. Beide benötigen Zeit, um sich immer wieder auszutauschen, abzusprechen und Gemeinsamkeit herzustellen. Frauen erst gut auszubilden und ihre Qualifikation anschließend im Kochtopf verdampfen zu lassen ist volkswirtschaftlich betrachtet allerdings ziemlich unsinnig. Und die Mütter spüren selbst, welchen Preis sie für ihre einseitige Familienorientierung bezahlen – spätestens dann, wenn sie nach langer Pause wieder in den Beruf zurückkehren wollen und es nicht schaffen, eine angemessene Stelle zu finden.

Der Pragmatiker

Unter jüngeren Männern ist er ein typischer Vertreter des „neuen Vaters". Ohne dass große Überredungskünste nötig waren, hat er selbstverständlich die Elternzeit genutzt, arbeitet weniger seit der Geburt seines Kindes. Er teilt sich die Haus- und Erziehungsarbeit mit seiner Partnerin – die er vor der Familiengründung nicht unbedingt geheiratet hat. Ihn treibt weniger das emanzipatorische Bemühen um „Geschlechterdemokratie" als ein monetärer Pragmatismus.

Seine Frau ist ebenso gut ausgebildet wie er selbst. Am Arbeitsplatz hat sie ähnliche, vielleicht sogar bessere Karrierechancen. In manchen Fällen hat nur sie eine feste Stelle, während er sich eher prekär als „freier Kreativer" durchschlägt. Warum sollte er ihr beruflich nicht den Vortritt lassen? Das rechnet sich doch auch finanziell! Und kränkt ihn keineswegs in seiner männlichen Identität. Wenn sie mehr verdient als er, ist das doch bestens – für sie als Paar und für die Familie.

Der Malocher

Männer, die sehr anstrengenden und schlecht bezahlten Arbeiten nachgehen, passen nicht in das Klischee vom berufsfixierten Familienflüchtling, der sich aus Gründen der Selbstverwirklichung, um der Karriere willen oder wegen eines üppigen Gehaltes der Arbeitswelt verpflichtet hat. Der Malocher wird in der Debatte über Vaterrollen leicht vergessen. Er wechselt oft seine Stelle. Mal arbeitet er als Zeitarbeiter unter extrem schlechten Bedingungen, mal wird er von seinem Betrieb nicht mehr gebraucht. Er bemüht sich, ein guter Vater zu sein, ist aber immer wieder aggressiv und lässt keine andere Meinung gelten. Bei Erziehungsproblemen ist er autoritär und verhängt unsinnige Strafen. Wie ein alter Patriarch beansprucht er für sich den Platz des Familienoberhauptes. In der Diskussion über die Vereinbarkeit von Familie und Beruf ist er der klassische Bösewicht.

Aber dieser Bösewicht kämpft wie ein Berserker um seine Familie. Es ist sein Lebensthema, die Kinder ordentlich groß zu kriegen und ihnen eine Ausbildung zu ermöglichen. Er bemüht sich darum, dass es seiner Frau gut geht, und bei allem Macho-Gehabe ist die Familie sein Ein und Alles. Doch der hohe Arbeitsdruck im Betrieb überfordert ihn; abgespannt, nervös und voller Wut kommt er nach Hause.

Der Sonntagspapa

Der Sonntagspapa organisiert für seine Kinder möglichst oft besondere Erlebnisse: den Traumurlaub, das teure Hobby, den besonders ausgeflippten Nachmittag. Er ist nachgiebiger und großzügiger als die Mutter. Papa ist toll – mit ihm zusammen kann man das ganze Badezimmer nass spritzen, den Spätfilm im Fernsehen gucken oder vier Hamburger hintereinander essen. Dem animationsfreudigen Wochenend-Spaßvogel wird von weiblicher Seite vorgeworfen, dass er sich aus den anfallenden Aufgaben die Rosinen herauspickt. Mit seiner Rolle als fröhlicher Spielkamerad komme er deshalb so prima zurecht, weil seine Frau alle versorgenden, planenden und behütenden, also die erwachsenen Anteile der Elternrolle übernimmt. Ihm gehört der Sonntag und ihr der Alltag. Sie ist für die mühsame Durchsetzung von Regeln, er für den lustvollen Regelverstoß zuständig. Bei ihr gibt es Gemüse, bei ihm Pommes rot-weiß.

Regelverstöße in der Erziehung können manchmal sinnvoll sein und den Alltag verändern. Vielleicht verputzt der Sohn nach dem Mittagessen bei McDonalds abends eine ganze Schüssel grünen Salat und alle Beteiligten haben etwas gelernt. Wer übermütig ein Badezimmer überschwemmt hat, findet die anschließende Putzerei auf die Dauer doch ziemlich lästig. Der Sonntagspapa ist ein flüchtiger Zauberer, von dem die Kinder nie genug bekommen können. Dass er sich nur die Rosinen aussucht, nimmt er selbst gar nicht so wahr. Eher ist er vom ständigen Zwang getrieben, seinen Kindern mit hohem Aufwand etwas Besonderes zu bieten.

Der Spendable

So unsicher und diffus die Vaterrolle auch geworden sein mag, eines geben erwerbstätige Väter ihren Familien auf alle Fälle: Geld. Der Spendable betrachtet sein volles Girokonto als den Kern der Leistung, die er für die Familie erbringt. Diese Form der elterlichen Sorge lässt sich gut in Einkaufszentren und Fußgängerzonen demonstrieren. Dort verwandelt sich die Erwerbsorientierung des Mannes in die Konsumorientierung der Familie. Kinder wissen meist sehr genau, warum sie sich prestigeträchtige Markenartikel leisten können. Papas Arbeit steckt in den neuen Jeans, in den Handys, in der Playstation. Die Kinder spielen eigentlich mit ihrem Vater, wenn sie sich gegenseitig ihre teuren Spielzeuge vorführen.

Es trifft zu, dass in Deutschland viele Überstunden gemacht und Teilzeitmodelle blockiert werden, weil Familienernährer Hypotheken abbezahlen oder notwendige Anschaffungen finanzieren müssen. Aber es trifft auch zu, dass sich Männer fernab von ihren Familien verausgaben, weil sie meinen, immer die Spendierhosen anhaben zu müssen. Ob sie damit wirklich zufrieden sind?

Der Traum vom Märchenprinzen – Wollen Frauen neue Männer?

Doppelkarriere als Ausnahme, Zuverdienst als Norm – Widersprüchliche Erwartungen – Neue Männer, neue Frauen? – Besser als ihr Ruf: Scheidungsväter

> „Die jungen Mütter unterhielten sich darüber, wie müde sie waren. Das war eins ihrer Lieblingsthemen, neben den Ess-, Schlaf- und Verdauungsgewohnheiten ihrer lieben Kleinen, den Vorzügen dieses oder jenes Kindergartens und den Schwierigkeiten, regelmäßig ins Fitnessstudio zu gehen. Während sie freundlich lächelte, um das wieder einmal aufkeimende Gefühl der Verzweiflung zu kaschieren, ermahnte sich Sarah, wie eine Anthropologin zu denken: Ich bin Wissenschaftlerin und untersuche das Verhalten stinklangweiliger Hausfrauen und Mütter. Zu denen ich mich im Übrigen nicht zähle."
>
> Tom Perrotta, Little children

Andreas ist promovierter Biologe und arbeitet in der Forschungsabteilung eines Großbetriebes. Seine Frau Anita kennt er aus dem Doktoranden-Kolloquium. Nach ihrer Dissertation bekam sie gleich eine Vollzeitstelle in einem naturwissenschaftlichen Institut. Beide haben nicht nur viel Ehrgeiz und Energie in ihre akademische Laufbahn investiert. Auch im Privatleben wollten sie nicht zurückstecken.

Andreas und Anita haben drei Kinder. Die neunjährigen Zwillinge Paula und Lena besuchen die letzte Grundschulklasse, nach der Schule gehen sie in einen Hort in der Nähe. Auch für den vierjährigen „Nachzügler" Ben hat sich glücklicherweise ein Ganztagsplatz in einer Kindertagesstätte gefunden. Die beiden Großen sind inzwischen aus dem Gröbsten raus, sie beanspruchen dennoch viel Zeit: Assistieren bei den Schulaufgaben und Fahrdienste zum Sportverein gehören zu den elterlichen Verpflichtungen. Wie soll das klappen, mit zwei ganzen Stellen, mit Dienstreisen und einem ohnehin anstrengenden Berufsalltag? Manchmal sei das ein echter Spagat, gibt Anita zu. Die Familie hat zwar eine Putzfrau und „zum Glück" auch die Großeltern, die in der Nähe wohnen und regelmäßig aushelfen. Aber das allein löst nicht alle Probleme.

Stressig war vor allem die Phase mit zwei gleichaltrigen Kleinkindern. Andreas erinnert sich, „dass ich da manchmal um fünf Uhr morgens in Labor gegangen bin, um am Nachmittag wieder zu Hause zu sein". Sein Vorgesetzter gewährte ihm viele Freiheiten, und er trug damals „auch noch weniger Verantwortung". Umgekehrt blieb Anita häufig abends lange in ihrem Institut. Das Paar hat sich die Erziehungsarbeit von Anfang an geteilt." Anita war nicht bereit, „wie leider viele Frauen", zugunsten ihres Mannes ihre beruflichen Ziele aufzugeben. Manchmal ging das sicher zu Lasten der Familie, glaubt sie, aber eigentlich habe es trotzdem gut geklappt. „Nicht nur der Job, auch die Kinder machen uns viel Spaß."

Andreas und Anita sind ein „Doppelkarrierepaar": So nennen Wissenschaftler Beziehungen, in denen Männer wie Frauen ganz selbstverständlich eine Berufslaufbahn auf hohem Qualifikationsniveau verfolgen. Die Schätzungen der Sozialforscher gehen davon aus, dass maximal ein Fünftel aller Partnerschaften in diese Kategorie fallen. Reine Akademikerbeziehungen machen nur knapp zehn Prozent aller zusammenlebenden Männer und Frauen aus.

Dass Andreas und Anita trotz ihrer beruflichen Ambitionen drei Kinder bekommen haben, ist in ihrem Umfeld die große Ausnahme. Paare mit Doppelkarriere verzichten besonders häufig ganz auf Nachwuchs, unter Eltern überwiegen zumindest in West-Deutschland die Beziehungen mit klarer beruflicher Hierarchie. Hier sorgen die Väter als Haupternährer für die materielle Grundversorgung, die Mütter sind für den Zuverdienst und die Kernbereiche der Familienarbeit zuständig. Mit ihren Jobs auf Teilzeitbasis oder als 400-Euro-Kraft bessern Frauen das gemeinsame Haushaltseinkommen auf. Sie betrachten Beruf und Privatarbeit nicht mehr als Alternative, sondern suchen durchaus eine Kombination zwischen beidem. Sie sind gut ausgebildet und verzichten dennoch in hohem Maße auf Berufstätigkeit – weil sie Nachteile für die Entwicklung ihrer Kinder fürchten und sich für die „emotionale Grundversorgung" verantwortlich fühlen.

Anders bei Karrierefrauen wie Anita: Für sie steht an erster Stelle, energisch und ehrgeizig den eigenen professionellen Weg zu verfolgen. Wenn männliche Partner nicht deutlich signalisieren, dass sie bereit sind, auch Haus- und Erziehungsaufgaben zu übernehmen, verzichten solche Frauen häufig ganz auf Nachwuchs. Anita war bereit, eine Familie zu gründen, weil sie sich auf die Unterstützung von Andreas und ihrer Verwandtschaft verlassen konnte. Was sie mit viel öffentlicher und privater Hilfe zu meistern versucht, halten andere Frauen für ein zu waghalsiges Kunststück. Sie erwarten zwar ebenfalls ein Engagement ihrer Männer in der Familie, treiben den Interessenkonflikt aber nicht auf die Spitze. Letztlich finden sie sich damit ab, im Beruf zurückzustecken und jenseits von Haushalt und Erziehung nur die zweite Geige zu spielen.

Die Geschlechterforscher Peter Döge und Rainer Volz haben in einer Studie untersucht, ob Frauen den „neuen Mann" überhaupt wollen. Sie machen „traditionelle Geschlechterbilder in Kopf, Herz und Bauch" als wichtige Blockaden eines Rollenwechsels aus. Die Selbstwahrnehmung vieler Paare als gleichberechtigte Beziehung und ihr tatsächliches Handeln liegen bisweilen weit auseinander. Männer fühlen sich verunsichert durch widersprüchliche Erwartungen: Aus der Perspektive ihrer Frauen sollen sie sanft und zupackend zugleich, verlässliche Ernährer, aber auch einfühlsame Erzieher der Kinder sein. Optimal, so scheint es, wäre ein Märchenprinz, der 10.000 Euro im Monat verdient und trotzdem schon mittags nach Hause kommt. Etwas realistischer und weniger übertrieben ausgedrückt: Spätestens zwischen 17 und 18 Uhr könnte der Traummann schon daheim sein, vielleicht auf dem Rückweg von der Arbeit noch im Supermarkt eingekauft haben und sich dann an der Vorbereitung des Abendessens beteiligen. Dass Papa später noch mit den Kleinen herumtobt, die Schulhefte kontrolliert oder ein kleines Computerproblem am Kinder-PC löst, gilt ohnehin als selbstverständlich.

Sozialwissenschaftler halten die Zeit rund um die Geburt des ersten Kindes für die biografische Situation, in der grundsätzliche Entscheidungen über die künftige Arbeitsteilung zwischen den Eltern fallen. Gerade in dieser Phase wirken aber besonders mächtige, meist in der Herkunftsfamilie gelernte archaische Bilder. Auch sie verhindern, dass mehr Väter zeitweise vom Laptop an den Wickeltisch wechseln. Ganz im Sinne von Schillers über 200 Jahre altem Gedicht „Die Glocke" geht der Mann immer noch „hinaus ins feindliche Leben", während „drinnen" die vielleicht nicht mehr ganz so „züchtige Hausfrau" waltet. Papa arbeitet draußen und verdient das Geld, Mama steht am Herd, windelt und stillt. Wenn schon vor der Familiengründung ein finanzielles Gefälle bestand und der Mann deutlich mehr verdient hat, ist die Gefahr besonders groß, dass von einstigen egalitären Vorsätzen wenig übrig bleibt. Die Väter gehen jetzt erst recht lange arbeiten, zumindest ein Teil der Mütter nutzt den gesellschaftlich akzeptierten Mama-Ausgang aus einer anstrengenden Erwerbswelt.

Einer internationalen OECD-Vergleichsstudie zufolge leben in Deutschland über die Hälfte der Paarhaushalte mit Kindern unter sechs Jahren nach dem traditionellen Versorgermodell: Der Mann hat eine Vollzeitstelle, seine Frau ist zu Hause. Mütter mit Kindern unter drei Jahren sind im statistischen Schnitt nur 5,3 Stunden pro Woche berufstätig, heißt es im siebten Familienbericht der Bundesregierung. Sind die Kinder älter als drei Jahre, gehen die Frauen durchschnittlich zwölf Stunden einer bezahlten Tätigkeit nach, später sind es 22 Wochenstunden. Das sei die geringste Präsenz am Arbeitsmarkt unter allen europäischen Müttern, moniert der Bericht.

Auf Tagungen prangern Wissenschaftlerinnen die fehlende Unterstützung der Männer an, und auch in ihrem Privatleben müssen sich viele Väter wegen ihrer Abwesenheit daheim Klagen und Vorwürfe anhören. Doch im Kern akzeptieren die meisten Mütter das getroffene Arrangement. In stillem Einverständnis dulden sie sogar die vielen Überstunden, damit die Kasse stimmt. „Mein Mann arbeitet in der Industrie" oder auch „Mein Mann ist selbstständig, er muss seine Kundenbeziehungen pflegen" lauten die lapidaren Argumente, mit denen Frauen jede Diskussion über andere Möglichkeiten der privaten Arbeitsteilung im Keim ersticken. Väter als Alleinernährer oder zumindest als Haupternährer mit „hinzuverdienender" Gattin: Das ist meist kein den Müttern aufgezwungenes Diktat. Es handelt sich eher um eine pragmatische Lösung, die von beiden Partnern im Grundsatz akzeptiert wird und auf einer realistischen Einschätzung der äußeren Rahmenbedingungen beruht.

Wie das Beispiel von Max und Sandra zeigt, enthält diese Lösung auf lange Sicht ein beträchtliches Konfliktpotential. Wenn die Männer weiter unbehindert Karriere machen, die Frauen aber irgendwann wieder „richtig" in ihren Job einsteigen wollen, bekommen Paare ein gemeinsames Vereinbarkeitsproblem, dessen Sprengkraft bis zur Trennung führen kann. Zwar lassen sich Eltern deutlich seltener scheiden als kinderlose Paare. Mitarbeiter von Eheberatungsstellen berichten aber übereinstimmend, dass nicht so sehr Seitensprünge oder Erziehungsschwierigkeiten, sondern vielmehr misslungene Balancen im beruflichen und privaten Arrangement den Kern vieler Beziehungskrisen ausmachen. Und der Streit darüber hört mit der Trennung nicht auf, die Streitpunkte dieser Auseinandersetzungen sind längst zum öffentlichen Thema geworden.

Mehr noch als Mütter sehen sich Väter nach einer Scheidung mit vielen Vorurteilen konfrontiert: Sie kümmern sich angeblich zu wenig um ihren Nachwuchs, sie übernehmen keine Verantwortung, sie zahlen keinen Unterhalt. „Familie ist, wo Kinder sind" oder „Familie ist, wo aus einem Kühlschrank gegessen wird": Mit griffigen Formeln haben sich Politiker um zeitgemäße Definitionen bemüht, die auch Formen des Zusammenlebens jenseits der Ehe einbeziehen. Auch Alleinerziehende oder nichtverheiratete Eltern werden heute als gleichwertige Familien anerkannt. Das ist gut gemeint, ignoriert aber die Gruppe der getrennt lebenden Väter: Auch jene Männer, die nach einer Scheidung vielleicht nicht mehr täglich mit ihren Kindern essen (können), betrachten sich weiterhin als Teil eines gemeinsamen Familiensystems.

Manche von ihnen fühlen zu reinen Zahlvätern degradiert – und geraten in eine tiefe persönliche Krise. Der Geschlechterforscher Gerhard Amendt hat in einer groß angelegten Untersuchung an der Universität Bremen versucht, diesen Männern eine Stimme zu geben. In ausführlichen Einzelschilderungen berichten die Betroffenen von deprimierenden Gerichtsurteilen, von Kindern, die nicht mehr zu Besuch kommen wollen, vom sauren Beigeschmack eines Lebens als sonntäglicher „Sugardaddy". Amendt hält die Scheidungsväter für besser als ihr Ruf: Das Bild des getrennt lebenden Mannes, der seine Kinder weder finanziell unterstützt noch sich anderweitig für sie interessiert, habe mit der Wirklichkeit wenig zu tun. In seinen Interviews ist er aber auch auf Väter gestoßen, die den Kontakt aus eigenen Stücken vollständig abgebrochen haben. Bei vielen Betroffenen stelle sich nach einer Trennung „das bedrückende, wenn nicht sogar beschämende Gefühl ein, gescheitert zu sein. Was früher selbstverständlich war, als Vater geliebt und geachtet zu werden, gilt plötzlich nicht mehr." Unter diesen Bedingungen, so Amendt, „scheinen es einige Scheidungsväter vorzuziehen, lieber ganz auf den Kontakt zu den Kindern zu verzichten, als sich ihnen machtlos, gekränkt, hilflos, unerwünscht und als Spielball der Mutter zu präsentieren".

Bei den meisten der für die Studie interviewten Männer ist eine tiefe Kränkung spürbar. Wenn ihre Ex-Frauen sie gegenüber den gemeinsamen Kindern als überflüssig darstellen, erleben sie das als „niederschmetternde Abwertung, die ihr Selbstwertgefühl verletzt" und als „rückwirkende Aberkennung ihrer Bedeutung in der Familie". Die Väter fühlen sich von ihren Partnerinnen nachträglich für die Trennung bestraft. Sie beschreiben „die Situation nach der Scheidung oftmals als dermaßen verfahren, dass sie lieber auf ihr Kind verzichten als mit ansehen zu müssen, wie es in den Konflikten der Erwachsenen als Waffe eingesetzt und letztlich zerrieben wird."

Dass der gemeinsame Nachwuchs dauerhaft zum Hebel einer emotionalen Erpressung und zum Zankapfel einer zerrütteten Beziehung wird, ist glücklicherweise kein Massenphänomen. Die von Amendt herausgestellten Beispiele sind Extreme. Von den Jahr für Jahr rund 200 000 Scheidungen in Deutschland sind gut 150 000 Kinder betroffen, und in weit überwiegender Zahl finden die getrennt lebenden Eltern ein halbwegs zufrieden stellendes Arrangement. Das seit 1998 gültige Kindschaftsrecht hat dabei zu einer gewissen Entspannung beigetragen. Drei Viertel aller Eltern behalten seither nach der Trennung die gemeinsame Sorge, die der Gesetzgeber nunmehr als Regelfall vorsieht. Scheidungsjuristen berichten, die viel beklagte schlechte Zahlungsmoral der Männer beim Unterhalt habe sich dadurch deutlich verbessert. Auf den guten Willen der Mütter angewiesen blieben allerdings die nichtehelichen Väter: Ohne weibliche Zustimmung erhielten sie kein Sorgerecht – eine Regelung, die Interessenverbände wie der „Väteraufbruch für Kinder" heftig kritisierten. Ein betroffener Vater, der dagegen durch alle Instanzen klagte, bekam im Dezember 2009 vor dem Europäischen Gerichtshof Recht.

Der Gesetzesgeber richtet das Augenmerk auf das „Kindeswohl": Nicht mehr aus der Perspektive der Erwachsenen, sondern aus der Sicht der Jungen und Mädchen sollen die Familienrichter urteilen – und berücksichtigen, dass Kinder beide Elternteile für ihre Entwicklung brauchen. Doch mit dieser Vorgabe ist das Recht weiter als die streitenden Ex-Paare. Noch immer gibt es Mütter, die alle juristischen Register zu ziehen versuchen, um den Nachwuchs dem Vater zu entziehen – und dabei sogar vor dem (häufig unbewiesenen) Vorwurf des sexuellen Missbrauchs nicht zurückschrecken. Umgekehrt gibt es weiterhin Väter, die einfach verschwinden, ihre Kinder vergessen – und darunter auch keineswegs leiden.

Letztere, die dem gängigen Klischee entsprechen, kommen in Gerhard Amendts parteilicher Studie nicht vor. Dem Soziologen ging es vorrangig darum, auf die Sorgen und Nöte von Männern nach einer Trennung aufmerksam zu machen. Gemeinsames Ziel aller Beteiligten und ihrer publizistischen Beobachter aber sollte es sein, für gegenseitiges Verständnis zu werben statt die alten Geschlechterkämpfe fortzuführen – und die Streitenden zu ermuntern, auch nach dem Ende einer Partnerschaft gemeinsam Eltern zu bleiben.

„Väter fühlen sich abgedrängt": Fragen an Ulrike Fischer, Anwältin für Familienrecht und Mediatorin

Die Rechtsprechung räumt den Müttern eine mächtige Position im Trennungsfall ein. Haben Scheidungsväter Grund zur Klage?

Juristisch entscheidend ist, was dem „Wohl des Kindes" entspricht. Damit ist nicht von vorne herein gemeint, dass dieses Wohl bei der Mutter am besten gewahrt ist. Es gibt auch Fälle, wo das Gericht es für besser hält, wenn das Kind beim Vater lebt. Das hängt davon ab, wie die Kinder mit den Eltern zu Zeiten der Ehe gelebt haben – meist sind die Kinder von ihrer Mutter betreut worden. In manchen Fällen allerdings wird ihr das Kind automatisch zugesprochen, obwohl die Arbeitsteilung zwischen den Eltern keineswegs eindeutig geregelt war. Das hat sicher mit dem herkömmlichen Denken zu tun. Natürlich kann es vor Gericht nicht reichen zu sagen: Weil die Mutter eine Frau ist, ist das Kind dort am besten aufgehoben. Ich habe früher Entscheidungen erlebt, über die ich mich sehr geärgert habe, weil sie einem konservativen Geschlechterbild verhaftet waren.

Seit 1998 gilt die gemeinsame Sorge nach Scheidung als Regelfall. Was hat sich in den juristischen Auseinandersetzungen verändert?

Meine Erfahrung ist, dass die Richter wegen solcher Rechtsstreitigkeiten weniger angerufen werden. Seit die gemeinsame Sorge der Regelfall ist, muss die alleinige Sorge begründet werden. Bei gemeinsamer Sorge sind die Väter eher bereit, Unterhalt für ihre Kinder und auch für die Ehefrau zu zahlen. Sobald es Streit darum gibt, finden auch viel häufiger Auseinandersetzungen um den Unterhalt statt. Ich erlebe immer wieder, dass Väter sich von ihren Kindern abgedrängt fühlen durch die Mütter. Und das Gefühl haben, dass sie nur noch da sind um zu zahlen. Ein Vater will ja auch Freude an seinem Kind haben. Und wenn er von allem abgeschnitten ist, finde ich das sehr nachvollziehbar, dass er nicht mehr so gerne zum Unterhalt bereit ist.

Es gibt Scheidungsväter, die jeden Kontakt zu ihren Kindern bewusst abbrechen. Haben Sie dafür Verständnis?

Ich habe das auch schon von Vätern gehört, die gesagt haben: Das ist für die Kinder so anstrengend, die Auseinandersetzungen zwischen den Eltern mitzuerleben, dass ich sie davon verschonen will. Ich kann die Väter verstehen, die müde und erschöpft sind, weil sie immer wieder die Tür vor der Nase zugeschlagen bekommen. Der Vater zieht aus der Wohnung, wo die Familie gelebt hat, so wird die Trennung herbeigeführt. Er ist dann verbittert und sagt: Ich bin der einzige Leidtragende aus dieser Trennung, ich habe meine Wohnung aufgegeben, muss Unterhalt zahlen – und noch darum betteln, mit meinen Kindern zusammen zu sein. Wenn mir Väter sagen, sie wollen deshalb den Kontakt abbrechen, versuche ich mit ihnen darüber zu reden, was es für Kinder heißt, wenn der Vater sich ganz zurückzieht. Ich weiß, dass das manchmal viel verlangt ist.

Sie sind neben Ihrer Tätigkeit als Rechtsanwältin auch als Mediatorin tätig. Was bedeutet das, und welche Erfahrungen machen Sie?

Mediation ist eine Art des Umgangs mit Konflikten, eine Alternative dazu, vor Gericht zu gehen. Man setzt sich an einen Verhandlungstisch und verhandelt so lange, bis man eine Lösung gefunden hat, die beiden Parteien gerecht wird. Die Mediatoren sind praktisch neutrale Moderatoren dieser Verhandlung, sie assistieren den beiden Konfliktparteien dabei, zu einer Lösung zu kommen. Ich mache das manchmal auch mit einem Mann zusammen, wenn das gewünscht wird – übrigens nicht nur von den Männern, sondern auch von den Frauen. Es kann wichtig sein, beide Geschlechter „im Gegenüber" sitzen zu haben. In den meisten Fällen wird durch eine solche Mediation ein Gerichtsverfahren vermieden. Die Mediation endet damit, dass die Eltern einen Vertrag machen, in dem sie ihre strittigen Punkte regeln.

Das Väter-Dilemma – Warum Männer lange arbeiten

Die Vielfalt von Väterlichkeit – Bewegung und keine Verhaltensstarre – Vom Assistent zum Teilhaber – Zu viel Betrieb in der Lebensmitte – Überschätzte Elternzeit

In einer Computerfirma bittet ein männlicher Mitarbeiter in gehobener Position um ein Gespräch mit der Geschäftsführung. Er möchte Elternzeit beantragen, weil er demnächst Vater wird. Nach der Geburt seines Kindes plant er seine Stelle zu reduzieren und Teilzeit zu arbeiten. Diesen Wunsch hat vor ihm noch kein Mann im Unternehmen geäußert.

Der Geschäftsführer wundert sich und fragt nach den Gründen. Der Mitarbeiter sagt, er wolle das Aufwachsen seines Kindes mitbekommen und kein Zaungast in der eigenen Familie sein. Außerdem verdiene seine Frau ohnehin mehr als er, so dass sich diese Lösung auch finanziell anbiete.

„Aber das können wir doch ändern", sagt sein Chef und bietet ihm spontan eine deutliche Gehaltserhöhung an – unter der Bedingung, dass er auf Elternzeit und Teilzeit verzichtet.

Wahre und nur leicht verfremdete Anekdoten, Teil 1

Martin hat schlechte Laune. Es ist Dienstagabend, und das Parkhaus der Bank, in der er arbeitet, ist immer noch gut gefüllt. Auch sein Auto wird spät vom Platz fahren, wie fast jeden Tag. Vor acht Uhr schafft er es auf keinen Fall, zu Hause zu sein. Ein denkbar ungünstiger Zeitpunkt. Denn die Kinder sind dann übermüdet, seine Frau genervt. Tagesschau oder Zeitunglesen, dazu hätte er vielleicht Lust, aber das wird nichts. Katharina erwartet zu Recht, dass er sich zumindest in dieser letzten Stunde um die Kleinen kümmert. Er legt das Business-Hemd ab, das so schnell dreckig aussieht, wenn sie sich an ihn kuscheln. Er lässt sich die Ereignisse eines langen Tages erzählen, den er nicht mitbekommen hat. Er hilft beim Anziehen der Schlafanzüge, überwacht das Zähneputzen, liest die Gutenachtgeschichte. Um halb zehn schlafen die Kinder endlich.

Jetzt könnte das beginnen, was man früher „Feierabend" nannte, doch Martin ist nicht nach Feiern zumute. Ausgelaugt streckt er sich auf der Couch aus. Katharina fragt nach, warum es so spät geworden ist. Die Beratungstermine am Nachmittag haben sich in die Länge gezogen, erzählt er. Jetzt fühlt er sich genauso müde wie seine Söhne. Und morgen um kurz nach sechs klingelt schon wieder der Wecker. Es folgt das hektische Treiben im Badezimmer, anschließend immerhin eine knappe halbe Stunde gemeinsames Frühstück. Dann werden schnell die Sachen gepackt, die gegen die Hektik protestierenden Kinder im Auto festgeschnallt. Und schon geht es los in Richtung Tagesstätte, die auf seinem Weg zur Arbeit liegt. Fünf Tage lang dieser immer gleiche stressige Rhythmus. Glücklicherweise hat er regelmäßige Arbeitszeiten, samstags und sonntags ist mehr Zeit für die Familie. Letztes Wochenende waren sie im Zoo, das frisch geborene Elefantenbaby bewundern. Und demnächst, an einem freien Tag, will er zuschauen beim Fußballtraining des Großen. Danach fragt ihn sein Sohn schon seit Monaten, und als Vater freut er sich darauf! Aber der Alltagstrott zwischen Beruf und Familie ist einfach anstrengend: den Kindern, der Partnerin und der Arbeitswelt gleichzeitig gerecht werden zu wollen.

Tobias führt ein entspannteres Väterleben – jedenfalls auf den ersten Blick. Er ist freiberuflicher Kameramann – und morgens im Kindergarten immer der Letzte. Die Erzieherinnen gucken stets leicht genervt, wenn er gegen halb zehn mit seiner Tochter auftaucht. Eigentlich sollen alle bis neun Uhr da sein, lautet die Regel, wegen der Gruppendynamik und der gelegentlichen Ausflüge. Tobias hat schnell herausbekommen, dass das so genau nicht genommen wird. In seiner Branche wird selten ganz früh gearbeitet. Warum sollte er den gemütlichen Morgen mit seiner Tochter nicht genießen?

Ärgerlich findet er die frühe Schließung der Tagesstätte am Nachmittag. Offiziell ist um halb fünf Schluss. Aber jedes Mal, wenn er kommt, ist seine Tochter schon fertig angezogen und in Wartestellung. „Papa, warum holst du mich so spät ab?" Ihre besten Freundinnen sind längst gegangen, begleitet von Teilzeit arbeitenden Müttern, die trotzdem und ohne schlechtes Gewissen einen Ganztagsplatz in Anspruch nehmen. Nur noch wenige Kinder tummeln sich um diese Zeit in der Bärengruppe; auch die Pädagoginnen signalisieren überdeutlich, dass sie nach Hause wollen. Tobias aber hat vor allem im Sommer lange Drehs, deren Länge die Öffnungszeiten der Betreuungseinrichtung weit überschreitet. Im Juni oder Juli geht die Sonne erst gegen zehn Uhr abends unter, und auch im Zwielicht entstehen nunmal gute Bilder! Das interessiert die Leiterin des Kindergartens allerdings wenig. Sie ermahnt ihn, die „üblichen Vereinbarungen" einzuhalten.

Martin und Tobias: zwei Männer, die auf unterschiedliche Weise versuchen, gute Väter zu sein – und dabei ihre höchst individuellen Erfahrungen machen. Engagierte Papas gehören heute vor allem in den Großstädten zu einem selbstverständlichen Bestandteil der Alltagskultur. Wenn ein Vater tagsüber mit seinem Baby unterwegs ist, fällt das nicht mehr so auf wie früher. Vielleicht arbeitet dieser Mann einfach zu anderen Zeiten, im nächtlichen Schichtdienst oder als Selbstständiger auf der Basis von Projekten. Diese Unübersichtlichkeit ist nicht nur Ausdruck einer flexibel gewordenen Erwerbswelt. Sie dokumentiert auch die Vielfalt der privaten Lebensstile, die Soziologen mit Begriffen wie „Individualisierung" oder „Pluralisierung" umschreiben.

Verschiedene Facetten, Väterlichkeit zu leben, existieren nebeneinander. Es gibt eben nicht „die Männer" und „die Frauen", und ebenso wenig „die Väter" und „die Mütter". Der breiten Palette verschiedener Lebenskonzepte entspricht eine breite Palette an Möglichkeiten, Vater zu sein: Es gibt „neue" und traditionelle Väter, Ledige und Verheiratete, harmonisch getrennt Lebende und im Streit Geschiedene. Außerdem Stief-, Pflege- und Adoptivväter, neben heterosexuellen auch bi- oder homosexuelle Väter, Väter in Migrantenfamilien, die in einer ganz anderen Kultur der Väterlichkeit aufgewachsen sind. Es gibt Alleinverdiener und Haupternährer, Hausmänner oder Väter, die mit geteilter Elternschaft experimentieren. Und je nach persönlicher Situation entwickelt jeder Mann seinen eigenen Stil, die Vaterrolle auszufüllen.

Diese Vielfalt wird oft vergessen, wenn Veranstaltungen über Väter diskutieren oder Werbekampagnen und Medienberichte an ihre familiäre Verantwortung erinnern. Die Männer sind im „Zeugungsstreik"? Welche Männer sind gemeint? Im Gegensatz zu den Müttern räumen die meisten Väter ihrem Beruf absoluten Vorrang ein? Befragungen zufolge stimmt das für zwei Drittel von ihnen – damit bleibt immerhin ein Drittel übrig, das andere Prioritäten setzt. Vorsicht ist daher geboten, wenn zum Beispiel behauptet wird, es gebe die neuen, familienorientierten Väter gar nicht. Taugt die „verbale Aufgeschlossenheit bei weitgehender Verhaltensstarre", die Ulrich Beck vor einem Vierteljahrhundert ironisch beschrieb, noch als Zustandbeschreibung für die heutige Zeit? Vor allem weibliche Beiträge zum Geschlechterverhältnis berufen sich gerne auf das witzige Zitat – weil sie so die Männer bequem als Maulhelden abtun können. Optimistischer ließe sich formulieren: Der Wandel in den Köpfen drückt sich zwar nur teilweise im praktischen Handeln aus. Doch von Starre, die bekanntlich das Gegenteil von Bewegung ist, kann überhaupt keine Rede sein. Zumindest ein Teil der Väter stellt die alten Rollenbilder in Frage. Sie sind interessiert an einem bunten, durch Kinder bereicherten Leben, das den Horizont erweitert, eine neue Sicht auf die Welt bietet. Es gebe „erstaunliche Veränderungen bei jungen Familien, die ihr Leben sehr variabel, kreativ und stressig gestalten", berichten Karsten Kassner und Anneli Rüling in einem Forschungsbericht für das Hessische Sozialministerium. Waren einst nur die „instrumentellen" Fähigkeiten des Vaters für seine Rolle von Bedeutung, so sind jetzt auch emotionale Qualitäten gefragt. Männer, so sieht es der Väterforscher Wassilios Fthenakis, sind „vom Ernährer zum Miterzieher" geworden. Die 2009 wieder aufgelegte Untersuchung von Paul Zulehner und Rainer Volz im Auftrag der beiden großen christlichen Kirchen kommt wie schon Ende der neunziger Jahre zu dem Ergebnis, dass das Milieu der „modernen Männer" rund zwanzig Prozent ausmacht und damit keine unbedeutende Minderheit in der Gesellschaft darstellt.

Einst lagen auf dem Wohnzimmerschrank Rohrstock oder Lederriemen. Das Gesetz des Vaters ergab sich aus dem männlichen Gewaltmonopol, seiner auch gesetzlich festgeschriebenen Machtposition gegenüber Frau und Kindern. Heute werden die Spielregeln in den meisten Familien glücklicherweise demokratisch ausgehandelt. Wenn Männer dort etwas zu sagen haben wollen, müssen sie sich zu Hause auskennen. Guter Freund und großer Häuptling werden sie nur dann, wenn sie mit ihren Kindern auch ohne mütterliche Umwege kommunizieren können. Das kostet manchmal Nerven, immer aber Zeit.

Auf die abendliche Routinefrage „Wie war die Schule?" folgt gar keine oder nur eine äußerst knappe Antwort. Ausführliche Geschichten aus dem Kinderalltag hören Eltern eher unvorgesehen und überraschend: im Auto oder in der Straßenbahn, auf dem Weg zum Sport oder beim Einkaufsbummel. Will Papa etwas mitbekommen vom Leben seiner Kleinen, braucht er viele solcher Gelegenheiten und ein gutes Gedächtnis. Kinder durchschauen sofort, ob ihre Väter wirklich kompetent sind oder nur eine Art fortwährendes Praktikum absolvieren.

In den ersten Wochen nach der Geburt sind Mütter angewiesen auf einen gelassenen und geduldigen Assistenten. Das Zeug zum späteren Teilhaber hat aber nur, wer sich schon bald stärker engagiert – auch wenn die Pampers zum Himmel stinken und das Gebrüll eines Säuglings nach einem anstrengenden Arbeitstag ganz schön nerven kann. Auf Spielplätzen und in Kinderarztpraxen sind Männer weiterhin deutlich in der Minderheit, beim Babyschwimmen bilden sie zumindest an den Wochenenden inzwischen eine nennenswerte Masse.

Manche Väter kommen über die Rolle des Juniorpartners der Mutter – oder gar des „schuldbewussten Schülers", wie es der französische Soziologe Jean-Claude Kaufmann zugespitzt formuliert – nie hinaus. Einer stärkeren Beteiligung an den Familienaufgaben steht der große Druck am Arbeitsplatz im Wege. Die verlässliche Erwerbsbiografie, die den eigenen Vätern noch ein halbwegs selbstverständliches Ausfüllen der Ernährerrolle ermöglichte, ist für die Söhne keine realistische Perspektive mehr. Auf der Basis von Unsicherheit bleibt kaum Spielraum für Experimente bei der betrieblichen Arbeitszeitgestaltung oder beim Ausprobieren neuer Geschlechterrollen. Für Männer zwischen 30 und 50 Jahren gilt in besonderem Maße die Devise „Hauptsache Arbeit", die die Familie zur Nebensache macht. Die Väter dieser Altersgruppe arbeiten sogar besonders lange und folgen in ihrem Privatleben weitgehend den althergebrachten gesellschaftlichen Zuschreibungen.

Männer, die sich auf das Geldverdienen und gelegentliche einschüchternde Auftritte beschränken, sind in den Familien heute weniger gefragt. Traditionelle Rollenelemente wie die des starken Beschützers oder des strengen Bestimmers, des Herrschers über die Werte, haben sich weitgehend aufgelöst. Das klassische Leitbild des Versorgers aber hat nach wie vor eine große Bedeutung. Stabile wirtschaftliche Verhältnisse sind Männern wichtig, bevor sie Vater werden wollen. Wer diese im Job zu erreichen sucht und gleichzeitig zu Hause kein Fremder sein will, gerät in eine Zwickmühle zwischen familiären Anforderungen und beruflichen Zwängen.

Dieses „Väter-Dilemma" beginnt gleich nach der Ausbildung: Selbst Männer mit Hochschulabschlüssen müssen sich über Jahre mit befristeten Arbeitsverträgen auseinander setzen. Das Zeitfenster für die Familiengründung ist schmal: Manchmal vergeht fast ein ganzes Jahrzehnt, bevor junge Akademiker ihre erste richtig feste und abgesicherte Stelle finden. Dann beginnt das, was Familienforscher treffend die „Rush hour in der Mitte des Lebens" genannt haben: Ist die gewünschte berufliche Position endlich erreicht, ist einfach zu viel Betrieb. Im Job wird volles Engagement erwartet, gleichzeitig aber sollen Häuser gebaut, Bäume gepflanzt und Kinder geboren werden.

Sich in dieser Phase für Nachwuchs zu entscheiden, enthält Risiken für beide Geschlechter. Männer – wie auch berufsorientierte Frauen – fürchten den frühen Einbruch ihrer gerade erst begonnenen Karriere, wenn sie jetzt in Elternzeit gehen oder ihre Stundenzahl reduzieren. Die im Job stark eingespannten Väter leisten freiwillig und ohne Bezahlung Mehrarbeit, bleiben häufig bis in die Abendstunden hinein: Sie trauen sich einfach nicht, die wichtige Konferenz am späten Nachmittag mit der offen geäußerten Begründung zu verlassen, sie wollten ihre Kinder noch sehen. Auf dem Heimweg hat vielleicht der Regionalexpress wieder mal Verspätung oder sie geraten in einen nicht eingeplanten Stau auf der Autobahn. Zu Hause sind sie dann erst, wenn der größte Teil des Familienlebens längst gelaufen ist – Alltagserfahrungen einer missglückten Balance zwischen Beruf und Familie.

Beharrlich hält sich in der geschlechterpolitischen Debatte das Zerrbild vom „faulen Geschlecht", das sich vor schreienden Kindern, verdreckten Fußböden oder stundenlanger Hilfe bei den Hausaufgaben drückt. Angeblich flüchten Männer in die Berufswelt, um sich dem Familientrubel nicht aussetzen zu müssen. Als Gradmesser für die Unbeweglichkeit der Väter galt lange ihre geringe Nutzung der Elternzeit. Das ab 2007 gezahlte Elterngeld, am Nettoeinkommen orientiert und mit individuellen Partnermonaten kombinierbar, hat den Männeranteil deutlich gesteigert und dieser Argumentation den Wind aus den Segeln genommen. Seither lautet der ständig wiederholte Vorwurf „Väter nehmen ja sowieso nur zwei Monate" – als könne es für Männer darum gehen, die durch Schwangerschaft und Stillen erworbene Vorrangposition ihrer Frauen binnen kürzester Zeit wettzumachen.

Das frühere Erziehungsgeld war eine Art Taschengeld für schlecht qualifizierte Mütter. Wegen niedriger Einkommensgrenzen stand es für längere Zeit nur den ökonomisch besonders schwach gestellten Haushalten zu. Für Frauen in gut bezahlten Positionen und erst recht für die meisten Männer stellte es nie eine lukrative Alternative dar. Die niedrige Väterquote war vor diesem Hintergrund wenig erstaunlich. Außerdem zählte die Elternzeit-Statistik nur jene Väter, die tatsächlich Leistungen bezogen – ein fragwürdiger Beleg für aktive Vaterschaft, da Selbstständige, Teilzeitarbeiter und gut verdienende Männer gar nicht erst erfasst wurden. Andere männliche Aktivitäten in der Familie und mit Kindern, die auf ein verändertes Rollenverhalten hindeuten könnten, waren an diesen Zahlen ohnehin nicht ablesbar.

Der Stellenwert der Elternzeit wird überschätzt. Sie ist nur eine Art Einstieg: Männer erleben, was es bedeutet, täglich zu wickeln, zu kochen und zu füttern; sie sitzen wie Mütter auf Spielplätzen oder warten beim Kinderarzt. Sie sind keine gelegentlichen Helfer mehr, sondern zumindest zeitweise Hauptverantwortliche. Das Jahr nach der Geburt ist jedoch keine unumstößliche Weichenstellung für künftige Lebensentwürfe. Wichtiger für die langfristige Paar- und Familienkonstellation ist die Zeit danach. Gibt es im Job beider Elternteile Spielräume für weniger Anwesenheitspflicht, für reduzierte Arbeitszeiten? Spätestens wenn sich ein zweites Kind ankündigt, konzentrieren sich die meisten Väter noch mehr auf ihren Beruf. Im Familiensystem geraten sie immer stärker in die Rolle des Haupternährers – und damit in eine private Statistenrolle. Ganz wohl ist ihnen dabei nicht, zwei Seelen schlagen in ihrer Brust: Viele wären gerne mehr mit ihren Kinder zusammen, sehen aber angesichts ihrer Zwänge am Arbeitsplatz kaum Möglichkeiten zur Veränderung.

Das Lebensgefühl junger Männer und Frauen ist heute von einem selbstverständlichen Anspruch auf gleiche Chancen geprägt. Mit der Geburt eines Kindes gerät dieses Selbstvertrauen ins Wanken. Vor allem die Mütter stellen plötzlich fest, dass volle Erwerbstätigkeit und Familiengründung in Deutschland nahezu unvereinbar sind. Eine Kombination aus gesellschaftlichen Normen, politischen Regularien und betrieblichen Hindernissen legt beide Geschlechter oft für Jahre auf die traditionelle Arbeitsteilung fest. Das folgende Kapitel konzentriert sich auf die vielfältigen Blockaden, die einem größeren privaten Engagement von Vätern in Unternehmen und Institutionen im Wege stehen. Kann Familie tatsächlich ein beruflicher „Erfolgsfaktor" sein, wie die Beraterzunft behauptet?

Arbeiten wie ein Kaiser: Was Väter von den Pinguinen lernen können

Moderne Väter gehen in die Babypause! Seltsam nur, dass relativ wenige Väter „modern" sein wollen. Seit es das Elterngeld gibt, sind es ja ein paar mehr geworden. Doch die Versuche, Väter durch Kampagnen und Appelle sozusagen in die Elternzeit hineinzubitten, sind gescheitert. Woran das liegt? Männer brüten nicht!

Kennen Sie die Arbeitsteilung der Geschlechter bei den Kaiserpinguinen? Wenn Nachwuchs in Sicht ist? Bei dieser Spezies wird echte Männersolidarität praktiziert, da wird wie ein Kaiser gebrütet! Bei Temperaturen von minus 40 Grad stehen die Pinguinmännchen dicht gedrängt beieinander und wärmen sich gegenseitig. Sieben Wochen lang hüten die Väter in stoischer Ruhe das Ei, für weitere vierzehn Tage tragen sie das geschlüpfte Jungtier in einer Bauchfalte. Erst dann fühlen sich die Pinguinmütter für den Nachwuchs zuständig: Schichtwechsel in der Antarktis!

Versetzen wir uns vom ewigen Eis in die behagliche Wärme eines deutschen Betriebes. Dort sieht die Solidarität so aus: Ein Kollege fällt auf, weil er sich traut, ein gesetzlich garantiertes Angebot wahrzunehmen: Er fehlt, weil sein Kind krank ist! Über Weicheier und Warmduscher wird gespöttelt, früher hätte man es noch drastischer formuliert: „Der hat wohl keine Alte zu Hause!".

Dass der elterliche Schichtwechsel beim Menschen weniger gut klappt als bei den Pinguinen, liegt in der Natur der Sache. Menschenväter können weder brüten noch stillen, und es macht wenig Sinn, dem biologischen Vorsprung der Menschenmütter hinterherzurennen. Zu wenige Männer in der Babypause sind doch gar nicht das Schlimmste! Viel schlimmer ist, dass der Schichtwechsel nach dem „Brüten" nicht funktioniert. Kinder groß zu ziehen, das dauert beim Menschen nämlich ein bisschen länger als bei den Kaiserpinguinen: an die zwanzig Jahre. Und die Krankheit, die sich dabei entwickelt, heißt „Vereinbarkeitsproblematik".

Karrieren werden schließlich nach 17 Uhr entschieden, und wer genau dann endlich gehen will, der muss einfach ein schräger Vogel sein. Oder ein Pinguin? Sei der erste am Morgen und der letzte am Abend! „Lunch is for losers", behauptete einst Michael Douglas in dem Film „Wall Street": Nur Verlierer machen Mittagspause! Und weil alle zu den Gewinnern gehören wollen, gibt es ein Spiel in deutschen Betrieben: Wie simuliere ich Anwesenheit? Ein Manager weist die Putzfrauen an, in seinem Büro die ganze Nacht das Licht brennen zu lassen: Herr Wichtig steht immer zur Verfügung! Oder der Trick mit dem zweiten Jackett: Die Bürotür leicht angelehnt, über dem Stuhl hängt es, das Ersatzteil, wie eben schnell abgelegt – während der Besitzer längst verschwunden ist.

Die Anekdoten über den männlichen Unentbehrlichkeitswahn sind lustig – und traurig zugleich. Eigentlich müsste es selbstverständlich sein, im Betrieb früher zu verschwinden, wenn um drei Uhr der Kindergeburtstag anfängt. Es gibt ihn ja durchaus, den stolzen Vater mit Vollzeitjob, der im Rahmen seiner Möglichkeiten zwischen Kinder- und Arbeitswelt balanciert. Er macht keine Überstunden und ist um sechs zu Haus. Als Feierabendanimateur tobt er die Kleinen bettreif. Er verdient den größten Teil des Familieneinkommens – was übrigens viel zu selten gewürdigt wird – und zwischen Abendessen und Tagesschau tollt er sogar auf dem Teppich herum.

Mann kann also durchaus bodenständig sein: Er bleibt auf dem Teppich, interessiert sich immerhin eine halbe Stunde lang für „die Hälfte der Erde"! Die Frauenbewegung forderte ja einst „Die Hälfte des Himmels". In den oberen Etagen, da wo Bankbosse und Intendanten Hof halten, muss die Luft einfach besser sein. Am Boden warten übel riechende, sich wiederholende Tätigkeiten wie Putzen, Aufräumen oder Waschen – Dinge, deren gesellschaftliche Wertschätzung gegen Null geht.

Aber die Kinder, die machen Spaß! Papa zeigt sich gerne mit ihnen, bei Gelegenheit sogar vormittags, wenn er sich zwischen Hausfrauen, Arbeitslosen und Rentnern etwas deplatziert vorkommt. Die ältere Dame, die den schreienden Sprössling mit dem aufmunternden Kommentar „Dir fehlt wohl die Mama" tätschelt, ignoriert er einfach. Trotzdem, es ist nicht das reine Vergnügen! Zum dritten Mal die vollgeschissene Hose wechseln, und der Wickeltisch steht in der Damentoilette! Auf die Kinderstühle beim Elternabend in der Tagesstätte passen keine Zwei-Meter-Menschen, und wenn Frauen sich auf der Spielplatzbank über Rückbildungsgymnastik austauschen, hat Mann auch nichts beizutragen.

Mütter stellen sich seltsame Fragen. Zum Beispiel „Sind Sie berufstätig?" Stellen Sie sich das mal unter Männern vor! „Wissen

Sie, im Moment will ich noch nicht wieder berufstätig sein, der Kleine ist noch so auf mich fixiert, ich bleibe vorläufig zu Hause." Was ist denn das für ein seltsamer Typ? Männer haben einen anständigen Job, oder aber sie sind arbeitslos – dazwischen gibt es nichts, basta!

Von den geschlechterdemokratischen Verhältnissen der Antarktis sind wir also weit entfernt. Brüten wie ein Kaiser? Das werden die Menschenväter von den Pinguinvätern wohl niemals lernen. Aber wie wäre es mit etwas mehr Mut, am Arbeitsplatz Rücksicht auf private Interessen und Verpflichtungen einzufordern? Das wäre doch eine schöne Utopie: Arbeiten wie ein Kaiser!

Dinosaurier-Dads – Betriebliche Blockaden engagierter Vaterschaft

Der Mythos stets zu gewinnen – Unsichtbare Vaterschaft – Ständiger Bereitschaftsdienst – Die Liebe zur Arbeit – Teilzeit nur für Frauen – Biografische Kompromisse

> Ein junger Jurist, um die 30, hochqualifiziert, mit Auslandserfahrung, bewirbt sich in einem Bundesministerium. Er kommt in die „letzte Runde" und bleibt am Ende als einziger Kandidat übrig. Allerletzte Hürde ist ein fiktives Rollenspiel: Im Ministerium läuft ein eiliges Projekt. Zwei männliche Mitarbeiter in der zuständigen Abteilung wollen keine Überstunden machen, sondern bestehen mit Hinweis auf ihre familiären Verpflichtungen darauf, zwischen 16 und 17 Uhr zu gehen. Wie soll die potentielle junge Führungskraft reagieren?
>
> Der Bewerber antwortet: „Ich würde versuchen, mit allen Beteiligten zu reden und eine gemeinsame Lösung zu finden, die allen Interessen gerecht wird." Diese Antwort stellt das Auswahlgremium alles andere als zufrieden. Die Stelle wird neu ausgeschrieben, weil dem Kandidaten, wie es heißt, die „Führungsstärke" fehle. Er hätte, so argumentieren die Personalverantwortlichen, auf den längeren Arbeitszeiten bestehen müssen.
>
> Die Bundesbehörden sind übrigens „gegendert", haben sich also einer „geschlechtersensiblen" Prüfung unterzogen. Einige sind sogar dabei, sich als „familienfreundlicher Betrieb" zertifizieren zu lassen...
>
> Wahre und nur leicht verfremdete Anekdoten, Teil 2

„Je mehr ich anerkenne, welche Familienprobleme Leute haben und je mehr ich versuche, das zu berücksichtigen, desto motivierter und leistungsfähiger sind meine Mitarbeiter", glaubt Gisela Erler. Die Unternehmensberaterin hat ein Kinderbetreuungs-Netzwerk für Firmenkunden entwickelt. Ihr „Familienservice" mit Niederlassungen in Deutschland, Österreich und der Schweiz vermittelt Tagesmütter, aber auch Plätze in Kindergärten und Horten an interessierte Betriebe. Die Agentur unterstützt auch Mitarbeiter, die Angehörige zu pflegen haben oder selbst krank geworden sind; sie berät in Krisensituationen wie Scheidung oder Überschuldung. Erler propagiert ein Umdenken, eine stärker von persönlichen Bedürfnissen geprägte Arbeitswelt. Sie hat mitgeholfen, das von der Hertie-Stiftung finanzierte „Audit Beruf & Familie" zu entwickeln. Dort können sich

Firmen und öffentliche Einrichtungen zertifizieren lassen, wenn sie eine familienbewusste Personalpolitik betreiben.

Mit ähnlicher Zielrichtung schrieb die Bundesregierung den Wettbewerb „Erfolgsfaktor Familie" aus. Die modische Managementformel von der „Work-Life-Balance" unterstellt Betrieben ein Eigeninteresse, wenn Mitarbeiter berufliche und persönliche Interessen in ein Gleichgewicht bringen können. Expertisen verbreiten den Mythos, dass beim Thema Familienfreundlichkeit stets alle gewinnen. Häufig argumentieren sie dabei mit einem bald drohenden Fachkräftemangel, mit dem martialisch so bezeichneten „War for talents", dem Krieg um die besten Köpfe. Ganz eigennützig müssten sich Firmen im Wettbewerb um gut qualifizierte Mütter und familienorientierte Väter kümmern. Ins Gewicht fielen auch die Einsparungen durch hohe Loyalität und sinkende Fluktuation, denn Personalwechsel seien teuer: Die Kosten für die Wiederbesetzung einer Stelle taxieren die Berater mit anderthalb Jahresgehältern. Ihr Fazit: Es lohne sich für jeden Arbeitgeber, jungen Eltern zu helfen, Kind und Beruf unter einen Hut zu bekommen.

Im Unternehmensalltag bleibt die Lust auf Experimente, die angeblich profitabel sind, auffällig gering. Wenn familienbewusste Personalpolitik tatsächlich eine Rendite von 25 Prozent erwirtschaften würde, wie eine Analyse des Prognos-Institutes behauptet, müssten Väter umstellt sein von fürsorglichen Vorgesetzten, die ihre Schwierigkeiten zwischen Kind und Karriere ständig im Auge haben. Dem ist nicht so: Für die meisten Männer spielt ihr Vatersein im Betrieb so gut wie keine Rolle. Ganz im Gegenteil können sie sogar in große Schwierigkeiten geraten, wenn sie auf ihre familiären Verpflichtungen hinweisen und einfordern, darauf Rücksicht zu nehmen.

In bunten Werbebroschüren ist viel von einer Firmenphilosophie die Rede, die Angestellte nicht nur als Arbeitskräfte, sondern als ganze Menschen betrachtet. In der Praxis interessiert die Frage, ob Mitarbeiter Kinder haben, indes bestenfalls die Buchhalter in der Personalabteilung. Meist gibt es keine Statistiken oder gar Unternehmensprofile, die darüber Auskunft geben, wie die private Situation der Beschäftigten aussieht. In welcher Lebensphase befinden sie sich? Überwiegen zum Beispiel die jungen Väter und Mütter, woraus sich ein besonderer Bedarf an betrieblich unterstützter Kinderbetreuung ergeben würde? Haben die meisten eher ältere Kinder im Schulalter, oder gar pflegebedürftige Angehörige? Dominieren in bestimmten Abteilungen ohnehin die Mitarbeiter ohne Kinder, und was könnte das mit den Arbeitsbedingungen dort zu tun haben? Für aufmerksame Führungskräfte wären das wichtige Fragen auf dem Weg zu einem tatsächlich „familienfreundlichen Betrieb".

Vaterschaft bleibt am Arbeitsplatz weitgehend unsichtbar. Das Familienleben von Männern soll vor allem in keiner Weise die internen Abläufe stören. Für männliche Stellenbewerber war es deshalb schon immer ein Vorteil, mit dem Status „verheiratet" punkten zu können. Das signalisierte den Unternehmen: Meine Frau entlastet mich von allen Verpflichtungen, die mich vom (Erwerbs)Arbeiten abhalten könnten. Doch die duldsamen Gattinnen haben sich rar gemacht. Personalchefs stellen überrascht fest, dass sich jetzt auch ein Teil ihrer männlichen Mitarbeiter zwischen Kind und Karriere aufgerieben fühlt. Junge Väter opponieren gegen übergriffige Ansprüche ihrer Vorgesetzten, die gerade von ihren männlichen Mitarbeitern stets Einsatzbereitschaft über dem Limit erwarten. „Bei mir kommt keiner nach sieben und geht keiner vor sieben" heißt es einschüchternd schon im Bewerbungsgespräch.

Wie soll „mehr Spielraum für Väter" entstehen – so hieß einst eine Kampagne des Bundesfamilienministeriums – wenn gleichzeitig von Männern verlangt wird, zwölf Stunden täglich zu arbeiten, lange Anfahrtswege zu pendeln, Überstunden zu kloppen, sich überhaupt ihrem Beruf 130-prozentig zu verpflichten? Die väterliche Work-Life-Balance ist alles andere als im Lot. Verheiratete männliche Mitarbeiter gelten traditionell als die stabilsten und verlässlichsten Arbeitskräfte von Unternehmen, sie sollen stets verfügbar sein. Ihren weiblichen Kolleginnen werden bei familiären Schwierigkeiten eher informelle Auswege zugestanden – und in der Regel fällt es ihnen auch leichter, die gesetzlichen Möglichkeiten zu nutzen. Mütter können reibungsloser in Elternzeit gehen und nach der Babypause leichter eine Reduzierung ihrer Wochenarbeitszeit durchsetzen. Bei unvorhersehbaren privaten Problemen wie der Krankheit eines Kindes haben sie eine innerbetrieblich akzeptierte Begründung, warum sie fehlen.

Unter dem Titel „Auch Männer haben ein Vereinbarkeitsproblem" hat der Berliner Politikwissenschaftler Peter Döge im Auftrag der Gewerkschaft ver.di untersucht, auf welche Schwierigkeiten engagierte Väter an ihren Arbeitsplätzen stoßen. Er führte Interviews mit familienorientierten Männern und befragte Betriebs- und Personalräte aus privaten und öffentlichen Dienstleistungsunternehmen. Die meisten Gesprächspartner schilderten die Reaktionen in ihrem beruflichen Umfeld als problematisch. Sie reichten „von Unverständnis und Vorurteilen bis hin zu offener Diskriminierung und Marginalisierung".

Eine Reduzierung der Arbeitszeit zum Beispiel werde als „unsolidarische Zumutung" interpretiert, der Mann in Teilzeit gelte als „arbeitsscheu". Vorgesetzte oder auch Kollegen betrachten väterliche Familienpflichten nicht als legitimen Grund, „das berufliche Engagement für eine gewisse Zeit zu bremsen" oder „die Bedeutung der Berufsarbeit zu relativieren". Die befragten Männer berichteten von einem permanten Rechtfertigungsdruck – zum Beispiel, wenn sie pünktlich den Betrieb verlassen wollten, um ihre Kinder rechtzeitig aus Hort oder Kindergarten abzuholen.

Unterstützen Arbeitnehmervertreter die Wünsche von Vätern nach der Vereinbarkeit von Beruf und Familie? Döge zieht ein wenig schmeichelhaftes Fazit. Die Bedeutung von Betriebs- oder Personalräten sei „sowohl hinsichtlich der Information der Männer als auch im Prozess der Aushandlung marginal". Die Erwartungen der Interviewpartner an Hilfeleistungen durch den Betriebsrat waren gering. Nur in wenigen Fällen habe die Arbeitnehmervertretung die Abfassung eines neuen Arbeitsvertrages unterstützt. „Die Männer erledigen eher alles im Alleingang; sie informieren sich im Vorfeld selbst im Familien-, Kollegen- oder Freundeskreis und sie wenden sich mit ihrem Anliegen direkt an den Vorgesetzten."

Die Befragung der Arbeitnehmervertreter selbst kommt zu ähnlichen Ergebnissen. Familienfreundlichkeit habe allgemein keine Priorität, „das Unterthema Männer und Vereinbarkeit ist dann nochmals nachrangig". In wirtschaftlich schwierigen Zeiten betrachten Betriebsräte das Thema Vereinbarkeit ohnehin als „Luxus". Als größte Blockade benennt die Studie die „nach wie vor stark ausgeprägte Vollzeitmentalität". Es sei immer noch selbstverständlich, dass männliche Beschäftigte „jederzeit vor Ort erreichbar sind". Die Beurteilung der Motivation eines Mitarbeiters sei gebunden an dessen regelmäßige Anwesenheit am Arbeitsplatz.

Eine stärkere Familienorientierung können sich Männer nur erlauben, wenn Betriebskulturen weniger stark auf Präsenzpflicht beruhen. Väter brauchen viel Selbstbewusstsein, wenn sie am Arbeitsplatz abweichendes Verhalten zeigen. Wer als Mann demonstrativ früher geht, um zumindest zum Abendessen zu Hause zu sein, gilt als Versager und Verweigerer. Viele Männer scheuen die Risiken, die mit solchen Provokationen verbunden sind. Angesichts der angespannten Lage in vielen Unternehmen überwiegen Resignation und Angst. Die Einschüchterung funktioniert; gerade in Zeiten hoher Arbeitslosigkeit klammern sich Väter an das Gewohnte. Die politische Debatte beherrschen Schlagworte wie Globalisierung, Lohnnebenkosten oder demografische Krise. Kann man in dieser Situation überhaupt noch über Visionen reden, positive Utopien entwickeln, sich den „Luxus" leisten, Männer- und Frauenrollen in Frage zu stellen?

Immerhin ist das Thema „Männer zwischen Kind und Karriere" in der Wirtschaft angekommen. In Managementkonzepten spielen Väter als betriebliche Zielgruppe zwar weiterhin keine zentrale Rolle. Familiäre Verpflichtungen von Mitarbeitern werden aber zumindest registriert und teilweise auch ernst genommen. Es gibt durchaus Beispiele für eine väterbewusste Personalpolitik. So unterstützt die Commerzbank gezielt Männer bei der Vereinbarkeit von Familie und Beruf. Seit 2004 trifft sich regelmäßig das Netzwerk „Fokus Väter", um sich innerbetrieblich mit der Chancengleichheit aus männlicher Sicht zu befassen. Müssen Mitarbeiter unvorhergesehen auf Dienstreise gehen, können sie ihren Nachwuchs kostenlos im Kinderhaus „Kids & Co.", einer Betreuungseinrichtung für Ausnahmesituationen, abgeben – auch am Wochenende. Ist das Kind schwer krank, haben Väter wie Mütter das Recht, sich bis zu sechs Monate lang freistellen lassen. Ein Monat wird normal entlohnt, erst danach folgt eine unbezahlte Auszeit. Die Beachtung väterlicher Interessen gilt bei der Commerzbank als ein Thema, das bis hinauf zur Vorstandsebene verankert ist. Es wird in Seminaren für Führungskräfte angesprochen und gilt als erfolgreiches Konzept, weil die Mitarbeiter motivierter sind und loyaler zum Unternehmen stehen.

Lange Zeit waren es nur wenige Großunternehmen, die sich mit familienbewussten Angeboten profilierten. Dabei können Klein- und Mittelbetriebe solche Regelungen meist genauer auf die Bedürfnisse einzelner Mitarbeiter zuschneiden. Die Druckwerkstatt in Darmstadt zum Beispiel macht den bei ihr angestellten Vätern ein besonders attraktives Angebot: Väter können ihre Arbeitszeit bei vollem Lohnausgleich reduzieren – je nach Alter des Kindes um bis zu sechs Stunden. Hinzu kommen sehr flexible Zeitkontoregelungen: Minusstunden dürfen junge Väter noch Jahre später ausgleichen – etwa, wenn sie wieder länger arbeiten wollen, weil sich ein öffentlicher Betreuungsplatz für ihr Kind gefunden hat. Die Geschäftsführung der Druckerei achtet zudem darauf, dass Besprechungen zu familienfreundlichen Zeiten stattfinden – etwa vormittags oder direkt nach der Mittagspause, jedenfalls nicht am späten Nachmittag oder am Abend. Eine monatliche Firmensitzung, die besonders lange dauert, wird bei Bedarf sogar zu den Eltern nach Hause verlegt.

Das südhessische Unternehmen zählt zu den Gewinnern des von der Bundesregierung ausgeschriebenen Wettbewerbs „Erfolgsfaktor Familie". In der Politik ist man davon überzeugt, dass sich Familienfreundlichkeit rechnet. Im internationalen Kontext wird die Berücksichtigung von Väterinteressen gar als „Business imperative", also als wirtschaftliche Notwendigkeit diskutiert. Die britische Work Foundation argumentiert in einer Untersuchung ähnlich wie die deutschen Prognos-Studien: Schon aus ökonomischen Gründen müssten Betrieb mehr Rücksicht nehmen auf Männer in der Familienphase, so der Verfasser Richard Reeves: „Unternehmen, die die Flexibilität für die Mitarbeiter erhöhen, Elternzeit für Väter anbieten und die überholten traditionellen Geschlechterrollen verändern, werden die ersten sein, die von der neuen Welt die finanzielle Belohnung dafür erhalten werden."

In den meisten Firmen dominieren jedoch zementierte Männlichkeitsmuster, ein Habitus, der sich auf die Erwerbsarbeit konzentriert und private Wünsche und Verpflichtungen hinten anstellt. Selbst jene Unternehmen, die sich dem Slogan von der Work-Life-Balance verpflichtet haben, geben betrieblichen Interessen in der Regel Vorrang vor privaten Bedürfnissen. Die angeblichen Win-Win-Situationen bleiben Verlautbarung und schöner Schein. So verschärfen sich die Konflikte zwischen den sehr unterschiedlich strukturierten Lebensbereichen Beruf und Familie.

Sehr anschaulich hat die amerikanische Soziologin Arlie Hochschild die Zwickmühle beschrieben, in die Eltern und Kinder durch eine Arbeitswelt geraten, die keine Grenzen zum Privaten mehr kennt. Hochschilds Untersuchungsgegenstand war ein großes Unternehmen im Mittleren Westen der USA. Dem eigenen Anspruch nach will es seinen Mitarbeitern ermöglichen, persönliche und berufliche Interessen unter einen Hut zu bekommen. Der Konzern wirbt seit langem mit flexiblen Arbeitszeiten, Sabbatjahren oder Teilzeit. Als die Wissenschaftlerin allerdings konkret nachforschte, stellte sich heraus, dass fast niemand diese Angebote nutzt – „ein potemkinsches Dorf", wie es die Autorin nennt.

Ähnliche Erfahrungen sammelte Petra Zimmermann als Leiterin der Familienbildungsstätte in der Autostadt Wolfsburg mit Managern und Ingenieuren des Volkswagen-Konzerns. Mitte der neunziger Jahre war allen VW-Mitarbeitern zumindest auf dem Papier die 28,8-Stunden-Woche verordnet worden, um Entlassungen zu vermeiden. Studien bescheinigten diesem (wieder abgeschafften) Arbeitszeitmodell neben seiner beschäftigungssichernden Wirkung auch positive Effekte auf Familie, Partnerschaft und Privatleben. Die Führungskräfte aber, so der Eindruck der Pädagogin, machten so weiter wie vorher: „Die freuen sich, wenn sie eine berufliche Perspektive haben und arbeiten dann ohne Ende." Von einer harmonischen Balance könne in diesem Umfeld keine Rede sein. Die flexible Arbeitszeit orientiere sich an den Bedürfnissen der Fabrik, nicht an den Bedürfnissen von Eltern. Zimmermann misstraut dem dauernden Trommeln für den familienfreundlichen Betrieb. Es fördere das Image zu sagen, „wir kümmern uns darum, dass unsere Mitarbeiter alles ins Gleichgewicht bekommen". Häufig sei das aber nicht viel mehr als ein „schickes Deckmäntelchen über den Tatsachen".

Der Kölner Unternehmensberater Marcus Schmitz, der Firmen bei der Umsetzung einer familienbewussten Personalplanung unterstützt, bestätigt diese Einschätzung: „Die Außendarstellung unterscheidet sich fürchterlich von dem, was tatsächlich läuft." Wie kommt es, dass Firmen ihre Leistungen bei der Vereinbarkeit von Beruf und Privatleben lautstark herausstellen, diese aber in der Praxis wenig Niederschlag finden? Die Studie von Arlie Hochschild ist das erschreckende Dokument einer misslungenen Balance. Bei jedem fünften Befragten stellt sie eine völlige emotionale Umkehrung von Beruflichem und Privatem fest: Die Arbeit erscheint als das Selbstgewählte, das Persönliche als Last. Das Wiener Forschungsteam Helmut Kasper, Peter Scheer und Angelika Schmidt spricht gar von der „Erotisierung des Arbeitsplatzes". Die österreichischen Wissenschaftler beschreiben, wie Angestellte in höheren Positionen ihren Beruf mit Gefühlen besetzen, während sie ihre Familie versachlichen und als „reinen Service- und Kinderaufzuchtsbetrieb" betrachten. Angesichts der Glücksgefühle bei der Arbeit erscheint das Privatleben vergleichsweise schal.

Ein toller Job kann eine mächtige Sogwirkung entfalten, und in ehrlichen Momenten geben Führungskräfte auch zu, dass sie ihr Unternehmen spannender finden als ihr Privatleben. Der Betrieb als magnetischer Anziehungspunkt, als Heimat und Mittelpunkt der eigenen Existenz: Nicht nur für viele Männer und Väter ist er das attraktivere Zuhause. Auch für immer mehr Frauen und Mütter wird der Beruf zum zentralen Anker der Lebensführung. Kinder werden wegorganisiert, früh morgens abgegeben und erst am Abend wieder abgeholt; Angehörige sind nur noch lästige Verschiebemasse eines von Erwerbsarbeit dominierten Lebens. Ein übertriebenes Szenario?

„Twentyfour-seven" heißt dieses Arbeitskonzept im angelsächsischen Sprachraum. 24 Stunden täglich, sieben Tage die Woche ständiger Bereitschaftsdienst: Für ihren „24-7-survey" haben die britischen Wissenschaftlerinnen Julie Hurst und Wendy Richards 1200 Mitarbeiterinnen und Mitarbeiter in allen Wirtschaftszweigen Großbritanniens befragt. Ihr Bericht kommt zu dem Ergebnis, dass von einem ausgewogenen Gleichgewicht zwischen den verschiedenen Lebensbereichen keine Rede sein kann. So arbeiten fast drei Viertel der in der Studie Befragten mehr als die tariflich vereinbarten 35 bis 40 Wochenstunden. Jeder Zehnte gab an, tatsächlich mehr als 70 Stunden pro Woche für sein Unternehmen tätig zu sein. Nur ein Drittel der Interviewpartner geht regelmäßig zum Mittagessen, ein Fünftel macht überhaupt keine Pause.

Als Hauptgrund für ihre lange Anwesenheit im Betrieb nennen die britischen Beschäftigten, sie würden sonst ihre Vorgaben nicht schaffen. Dies ist auch die Ursache dafür, dass sich fast alle gelegentlich Arbeit mit nach Hause nehmen. Auf ihre persönliche Balance angesprochen, äußerten sich 97 Prozent der Befragten kritisch: Es sei für Männer wie Frauen schwierig, berufliche und persönliche Interessen in Einklang zu bringen. Die Untersuchung formuliert am Ende das Ziel „to end the macho culture of long hours". Frei übersetzt heißt das: Die männlich geprägte Kultur extrem langer Arbeitszeiten (an der sich auch die karrierebewussten Frauen orientieren) müsse überwunden werden.

Der amerikanische Soziologe und Männerforscher Michael Kimmel nennt vier Regeln, die den traditionell männlichen Arbeits- und Lebensstil prägen:

- *No sissy stuff:* Sei kein Weichling! Grenze dich ab von allem Weiblichen und kontrolliere deine Gefühle!
- *The big wheel*: Sei groß und statusorientiert, kümmere dich um die wichtigen Dinge! Setze Beruf und Karriere in den Mittelpunkt deines Lebens!
- *Be a sturdy oak:* Sei eine standfeste Eiche! Lass dich nicht umhauen, sei hart gegen dich und andere!
- *Give them hell:* Gibs ihnen! Sei ein aggressiver Draufgänger, lebe riskant! Bewege dich stets am Rande des Abgrunds!

Das in diesen Regeln enthaltene Selbstverständnis prägt die Facetten der „hegemonialen Männlichkeit" im Beruf. Der Macht-Mann, der Eroberer von Märkten, der rund um den Erdball tätige globalisierte

Mann, der Unternehmer-Spekulierer – solche Männer-Typen an der Spitze der Hierarchien korrespondieren mit einer bestimmten Arbeitshaltung. Deren wichtigste Merkmale sind: Verfügbarkeit, wenn es sein muss, auch abends, am Wochenende oder im Urlaub; selbstverständliche Bereitschaft zu Überstunden auch ohne zusätzliche Entlohnung; absolute Priorität für berufliche Ziele. Diese Anforderungen können nur Männer erfüllen, die keine Kinder oder eine Frau für ihre Kinder haben. Und selbst wenn die „gute Fee im Hintergrund" ihrem Prinzen stets zu Diensten ist, handelt es sich immer noch um einen äußerst ruinösen männlichen Lebensentwurf.

Man könnte argumentieren: Wer als Workaholic sich und seine Gesundheit schädigt, ist selber schuld. Das Problem liegt darin, dass sich nicht nur die Topmanager, sondern auch ganz normale Beschäftigte an dem beschriebenen Verhaltenskodex zu orientieren haben. Sie sind zum konfrontiert mit „Dinosaur dads", mit Dinosaurier-Vätern, wie sie in der britischen Debatte bezeichnet werden: mit Vorgesetzten, deren konventionelles Rollenverständnis die Firmenkultur prägt. Die Business-Eliten sind deutlich häufiger mit nicht erwerbstätigen Ehefrauen verheiratet; je höher ihr soziale Status im Betrieb, desto weniger engagieren sich diese Väter in der privaten Fürsorgearbeit.

Die meisten Männer sind ökonomisch nicht so erfolgreich, dass ihr Einkommen für eine vom Geldverdienen freigestellte „Gattin zu Hause" reichen würde. Aber jene, die sich diese Arbeitsteilung leisten können und wollen, haben einen besonders großen Einfluss darauf, was im Unternehmen als „männlicher Standard" gilt. Gerade ältere Chefs betrachten Elternschaft im Licht ihrer eigenen Generationserfahrung und tun sich schwer mit jüngeren Männern, die familiäre Interessen zeitweise in den Vordergrund ihres Lebens stellen wollen. „Wenn Väter der oberen Führungsetagen so arbeiten, als hätten sie keine Kinder, ist die klare Botschaft an die anderen Väter, ihre Probleme bezüglich Vereinbarkeit von Beruf und Familie für sich zu behalten", schreibt die Untersuchung der Work Foundation.

Auch deutsche Studien und Befragungen beobachten übereinstimmend einen Wertewandel entlang der Generationenlinie. Etablierte Führungskräfte, die selbst das Hausfrauenmodell praktizieren, machen besonders wenig Zugeständnisse an die privaten Interessen ihrer männlichen Untergebenen. Das fängt an mit subtiler Abwertung und kann bis zum Väter-Mobbing am Arbeitsplatz eskalieren. Abteilungsleiter verweigern die Wünsche von Männern nach Elternzeit oder reduzierten Anwesenheitszeiten mit vorgeschobenen Argumenten. Da ist dann die Rede von zusätzlichem Verwaltungsaufwand in Personalakten und Computerprogrammen. Fehlende Schreibtische oder gar zu wenig Toiletten werden als schwer wiegende Hindernisse angeführt. Oder es heißt gleich kategorisch: „Diese Stelle ist nicht teilbar." Dabei haben Untersuchungen längst nachgewiesen, was dem gesunden Menschenverstand ohnehin einleuchtet: Leute, die kürzer arbeiten, sind äußerst effektiv für jedes Unternehmen. Sie gehen frischer, gelassener und ausgeruhter ans Werk, sie machen weniger informelle Pausen und bewältigen ein im Vergleich höheres Pensum.

Der Kern des Problems liegt nicht in der Betriebswirtschaft, sondern in der Psychologie. Bei einer Reportage über flexible Arbeitszeiten erzählte mir ein Personalchef, der wie üblich im obersten Stockwerk seines Firmengebäudes residierte: „Gucken Sie doch mal runter auf den Parkplatz und stellen Sie sich vor, da würden die Leute um 14 Uhr nach Hause fahren – das kann ich nicht zulassen, das schafft Unruhe!" Männer, die andere Männer dabei beobachten, wie sie mittags zu ihren Kindern oder gar ins Schwimmbad verschwinden: Das war für den überzeugten Anhänger alter Arbeitstugenden eine Horrorvorstellung. Er betrachtete es als geradezu erzieherische Aufgabe, seine eigene, von ständiger Präsenz und Verfügbarkeit geprägte Arbeitsmoral durchzusetzen und an seine Nachfolger im Unternehmen weiterzugeben.

Die voll identifizierte „Haltung" zur Arbeit ist in vielen Betrieben ein wichtiger Bestandteil des heimlichen Lehrplans. Schon wer nur einfach pünktlich Schluss machen will, wird bisweilen schief angeguckt. Der Wunsch, weniger zu arbeiten, gilt als Ausdruck von Unzufriedenheit und mangelndem Engagement. Mitarbeiter, die sich nicht vollständig auf ihren Beruf einlassen und signalisieren, dass ihnen andere Lebensbereiche genauso wichtig oder gar wichtiger sind, gelten als unsichere Kantonisten. Dauerhaft geringere Stundenzahlen sind meist schwerer durchzusetzen als eine Gehaltserhöhung. Bei vielen Auseinandersetzungen geht es nur am Rande um praktische Umsetzungsprobleme einer geringeren Präsenz am Arbeitsplatz. Viel bedrohlicher scheint die demonstrative Distanz zur bezahlten Tätigkeit, das mögliche Aushöhlen einer strengen Arbeitsmoral.

Wünsche nach Teilzeit erschüttern die Lebensentwürfe der Vorgesetzten und stoßen deshalb auf massiven Widerstand. Wenn im Unternehmen Alternativen zur Dauerpräsenz vorgelebt werden können, wirken die eigenen Rechtfertigungen, warum man Partnerschaft und Familie zugunsten der Karriere vernachlässigt hat, nicht mehr glaubwürdig. Entsprechend zäh gestalten sich die Versuche von engagierten Vätern, dagegen zu halten. Viele Männer trauen sich nicht, ernsthaft über eine Reduzierung ihrer Stelle zu verhandeln, weil sie berufliche Nachteile fürchten. In extremen Fällen werden Väter gleich mit Kündigung bedroht, wenn sie bei Vorgesetzten wegen einer möglichen Elternzeit anfragen. Familienorientierte Lösungen sind in den meisten Unternehmen nur für Mitarbeiterinnen auf niedrigen Hierarchieebenen vorgesehen. Auf diese Weise kann es keinen tiefgreifenden Wandel geben: Die Betriebe vermarkten eine „Familienfreundlichkeit", die sich auf „Mütterfreundlichkeit" beschränkt – während sich Männer und kinderlose Frauen weiterhin vollständig ihrem Beruf verpflichten sollen. An dem von Arlie Hochschild kritisierten „kulturellen System", das der Erwerbsarbeit stets Priorität einräumt, ändert sich wenig.

Berufliche Interessen und Zwänge kollidieren in manchen Punkten fast unvermeidlich mit privaten Interessen und Bedürfnissen. Kinder zum Beispiel sind eigensinnig, trödeln und träumen, lassen sich treiben – im Job geht es meist darum, möglichst viel möglichst effektiv in kurzer Zeit zu erledigen. Die hohe Mobilität, die der Arbeitsmarkt immer wieder einfordert, verträgt sich schlecht mit einem konstanten Familienleben. Kinder und Jugendliche wollen verlässliche Eltern und keine hochbeweglichen Arbeitnehmer, die fast nie präsent sind oder dauernd an einen anderen Wohnort umziehen. Während die Erwerbswelt Flexibilität um fast jeden Preis verlangt, soll das Zuhause ein stabiles Refugium sein, in dem der Gemeinsinn funktioniert. Vielleicht sind diese unterschiedlichen Werte und Wünsche gar nicht miteinander „vereinbar", wie die gut gemeinte Rhetorik der Berater unterstellt. Im günstigen Fall gelingen persönlich tragfähige biografische Kompromisse. Die spielerische Leichtigkeit, die das Wort „Work-Life-Balance" nahe legt, ist eine individuelle und kollektive Selbsttäuschung.

Jene Väter, die sich zwischen Kind und Karriere aufgerieben fühlen, haben immerhin beides: einen Beruf und eine Familie. Im folgenden Kapitel geht es dagegen um Männer, die im Extremfall „gar nichts" haben: Als Arbeitslose ohne eigenen Verdienst können sie die Versorgerrolle gar nicht erst einnehmen – und geraten damit auch privat in Schwierigkeiten.

„Väter werden schneller schief angesehen":
Fragen an die Arbeitsmarktforscherin Alexandra Wagner

Sie haben die „Familienfreundlichkeit" von Unternehmen in Fallstudien untersucht. Was ist das wichtigste Ergebnis?

Das Thema ist inzwischen in vielen Betrieben angekommen, Personalabteilungen und Betriebsräte setzen sich damit auseinander. Dazu hat auch die in der Öffentlichkeit geführte Diskussion über Familienpolitik und niedrige Geburtenraten beigetragen. Mitunter ist der gute Wille da, aber es fehlt an Sachkenntnis und Ideen. Man sucht nach dem Besonderen und kommt nicht auf das Einfachste – zum Beispiel Arbeitszeiten familienfreundlich zu gestalten.

Sie haben drei Typen von Betrieben in der Studie vorgefunden. Wodurch unterscheiden sich diese?

Die Betriebe verfolgen verschiedene Leitbilder. Manche gehen immer noch davon aus, dass Familie Privatangelegenheit ist. Nur wenn es sich betriebswirtschaftlich lohnt, führen sie familienfreundliche Regelungen ein. Das Unternehmen will sich nach außen gut präsentieren und plant ein paar öffentlich wirksame Einzelmaßnahmen, während die alltäglichen Arbeitsbedingungen Vereinbarkeit eher erschweren. Andere Betriebe kümmern sich fürsorglich um Frauen, die als Mütter durch Doppelbelastung „gehandikapt" sind. Die dürfen dann zum Beispiel Teilzeit arbeiten, aber sie gelten häufig nicht als vollwertige Mitarbeiterinnen. Man erlaubt die Abweichung von der Norm, aber die Norm selbst – die vorrangige Orientierung an betrieblichen Erfordernissen – bleibt bestehen. Schließlich gibt es einige wenige Unternehmen, die wirklich auf die Gleichstellung der Geschlechter zielen, die bisherige Traditionen und männlich dominierte Leistungsnormen in Frage stellen.

Schildern Sie das Beispiel eines solchen Betriebes.

Eine Großbank ermöglicht Frauen die Rückkehr nach der Elternzeit. Sie spricht aber auch mit jenen Müttern, die nicht zurückkehren wollen. Sie möchte verhindern, dass Frauen vorschnell einen guten Arbeitsplatz aufgeben. Teilzeit nach der Babypause wird nur befristet vereinbart, eine Rückkehr in Vollzeit ist später möglich. So vermeidet man die „Teilzeitfalle", in die viele Frauen geraten. Allerdings findet auch in diesem Betrieb die Gleichstellung ihre Grenzen. Die Leistungsanforderungen auf den höheren Hierarchieebenen sind so hoch, dass praktisch beliebige Verfügbarkeit erwartet wird. Frauen machen manche Karriereschritte nur deshalb nicht mit, weil damit ihre „Work-Life-Balance" aus den Fugen geraten würde.

Gilt die Familienfreundlichkeit auch für Väter in Unternehmen?

Selbstverständlich. Alle Maßnahmen richten sich an Frauen wie Männer. Väter nutzen die Angebote aber einfach seltener, sie werden auch schneller schief angesehen.

Was halten Sie von der Prognos-Untersuchung zu den betriebswirtschaftlichen Effekten familienfreundlicher Maßnahmen? Angeblich 25 Prozent Rendite, da müsste es doch massenhaft solche Bemühungen geben ...

Ich glaube, dass sich Familienfreundlichkeit tatsächlich rentiert. Die Betriebe haben einen Gewinn durch bessere Motivation, höhere Leistungsbereitschaft und geringere Ausfallzeiten. Aber nicht in jedem Fall gibt es diese Rendite. Häufig kann der Betrieb durchaus günstiger fahren, wenn er die Vereinbarkeitskosten auf die Mitarbeiter überwälzt. In vielen Unternehmen scheitern etwa Ideen zur Kinderbetreuung an den damit verbundenen Kosten. Wenn die wirtschaftliche Situation sich verschlechtert, werden Zuschüsse gestrichen oder familienfreundliche Zeitregelungen zurückgenommen. Warum sollte man eine Verbesserung der Arbeitsbedingungen überhaupt von den Renditeaussichten abhängig machen? Die Prognos-Studie klingt zunächst gut, weil sie Betriebe motivieren kann, etwas zu unternehmen. Wenn diese aber nachweisen, dass es nur Kosten verursacht, familienfreundlich zu sein? Soll man dann von dieser Forderung abrücken?

Warum kommt die Umsetzung der familienbewussten Personalpolitik so schleppend voran?

Es ist einfacher, auf den rundum verfügbaren Familienvater mit nicht erwerbstätiger Ehefrau zu setzen oder auch darauf, dass die

Beschäftigten das schon irgendwie privat hinkriegen. Faktisch ist es ja meist auch so.

Welche Rolle spielt die Arbeitszeit in der Diskussion um die Familien-freundlichkeit?

Das ist eigentlich das zentrale Thema für die Vereinbarkeit, wird aber in vielen Diskussionen stiefmütterlich behandelt. Arbeitszeiten sind eine Kernfrage des betriebswirtschaftlichen Managements. Hier drehen die Betriebe derzeit an der Kostensenkungsschraube, indem sie Arbeitszeiten verlängern, Zuschläge reduzieren und mehr Flexibilität einfordern. Das ist das Gegenteil von Familien-freundlichkeit.

Was müsste sich gesellschaftlich und politisch ändern, um ein familienbe-wussteres Klima in den Unternehmen zu erreichen?

Wir müssten weg von dieser oberflächlichen Diskussion, dass letzt-lich alle für die Förderung von Familie sind. So harmonisch ist die Welt nicht. Wenn man etwas verändern will, sollte man zunächst Ursachenanalyse betreiben, damit man eine wirksame „Therapie" entwickeln kann. Politisch wird immer noch das Leitbild des männ-lichen Familienernährers gestützt. Stichwortartig möchte ich nur Ehegattensplitting, Sozialversicherung mit abgeleiteten Ansprü-chen für nicht erwerbstätige Ehefrauen und Subventionierung der Minijobs nennen. Viele Frauen entscheiden sich für Teilzeit oder geringfügige Beschäftigung, weil der Mann gut verdient und beim Übergang in Vollzeit sehr viel höhere Abgaben anfallen würden. Wer sich hingegen Teilzeit nicht leisten kann, hat ein Riesenprob-lem, weil die Öffnungszeiten der Kinderbetreuung sich nicht mit Vollzeitarbeit in Einklang bringen lassen. Wir brauchen eine Leit-bilddiskussion, und da werden unterschiedliche Meinungen aufei-nander treffen. Die Abschaffung des Splittings oder eine individu-elle soziale Sicherung führen in manchen Konstellationen zu einer Reduzierung des Einkommens. Manche Frauen können nur er-werbstätig sein, weil sie Sorgearbeit an niedrig bezahlte Minijobbe-rinnen weitergeben können.

Was raten Sie Betriebsräten und Gewerkschaften?

Sie sollten im Betrieb Bündnispartner suchen, aber sich das Thema nicht aus der Hand nehmen lassen. Familienfreundlichkeit ist nur ein anderer Ausdruck für beschäftigtenfreundliche Arbeitsbedingungen, und das gehört in die Hände der Betriebsräte. Die Gewerkschaften sollten mehr für die Vernetzung tun: Es gibt bereits eine Fülle von Erfahrungen in anderen Unternehmen, die man den „Neueinsteigern" zugänglich machen sollte.

Starke Typen ohne Bräute – Erwerbslosigkeit und Männerrolle

Zu viele Männer im Osten – Doppelte Verlierer ohne Job und ohne Liebe – Mädchen, die modernen Kinder – Barbaren vor den Stadttoren – Die trügerischen Hoffnungen der jungen Männer

> „Such dir so schnell wie möglich eine Frau, sei nett zu ihr, denn um Frauen wird gekämpft werden müssen in der Zukunft, weil sie knapp werden! Und gründe rechtzeitig eine möglichst große Familie."
>
> Ratschlag von Frank Schirrmacher, Autor des Demografie-Bestsellers „Minimum", an seinen (einzigen) Sohn

Eine Tagung zur „Zukunft der Arbeitsgesellschaft" an der hessischen Bergstraße. Auf dem Programm stehen Vorträge und Arbeitsgruppen, aber auch Exkursionen in Betriebe. Eine Gruppe von jungen Erzieherinnen interessiert der theoretische Teil des Seminars nur am Rande. Die 17- bis 20-Jährigen sind extra aus Sachsen-Anhalt angereist, um ganz praktisch ihre eigene Zukunft anzugehen: Sie suchen eine Stelle im Westen, besichtigen deshalb Kindergärten und Pflegeeinrichtungen der Umgebung. In den Zimmern der Tagungsstätte liegen Teddybären und andere mitgebrachte Plüschtiere auf den Betten, doch die jungen Frauen sind fest entschlossen: Wenn sich eine Gelegenheit bietet, werden sie ihre Herkunftsorte verlassen. Und ihre Freunde und Partner? Auch die jungen Männer suchen in ihrer Heimat einen Job – ob als Automechaniker, Gärtner oder kaufmännischer Angestellter. Doch weggehen aus ihrer vertrauten Umgebung würden sie dafür nicht.

„Starke Typen, aber keine Bräute", überschrieb *Geo* einen Bericht über die demografische Entwicklung in Ostdeutschland, der ehemalige Braunkohlearbeiter mit verrußten Gesichtern in der Ruine ihrer ehemaligen Fabrik abbildete. Im sächsischen Hoyerswerda kommen auf einhundert Männer im Alter zwischen 18 und 30 Jahren nur noch 83 Frauen, im Landkreis Uecker-Randow sind es gar nur 76. In Vorpommern nah an der polnischen Grenze liegen halb verlassene Dörfer, in denen fast nur noch Alte, Arbeitslose und Alkoholiker leben. Frauen kehren deutlich häufiger als Männer den strukturschwachen Regionen im Osten den Rücken. Fast zwei Drittel der rund zwei Millionen Abwanderer aus den neuen Bundesländern seit 1990 waren weiblich, haben die Bevölkerungsforscher ermittelt; besonders mobil sind die Frauen zwischen 18 und 29 Jahren. Zurück bleiben, wie es ein Regionalplaner despektierlich formuliert, die „arbeitslosen Deppen ohne Chance auf Paarbeziehung".

„Die Männer scheinen die Verlierer der Transformation zu werden, und zwar nicht nur in Ostdeutschland", diagnostiziert Thomas Kralinski in der Zeitschrift *Berliner Republik*. Die Krise am Arbeitsmarkt entwickelt sich langfristig zu einem überwiegend männlichen Problem. Die Quote der Frauenerwerbslosigkeit hat sich seit Anfang der neunziger Jahre kaum verändert, die männliche ist im gleichen Zeitraum deutlich gestiegen. Die offizielle Statistik vernachlässigt allerdings die überwiegend von Frauen gefüllte „stille Reserve" – also jene, die sich keine Hoffnung machen und gar nicht erst arbeitslos melden. Zudem sind drei Viertel der Teilzeitbeschäftigten weiblich, Frauen verfügen nur über ein gutes Drittel der Vollzeitstellen.

Waren in den neuen Bundesländern kurz nach der Wende noch doppelt so viele Frauen wie Männer erwerbslos, so haben sich die Zahlen mittlerweile angeglichen. Und auch im Westen verlieren einst gut bezahlte und dauerhaft beschäftigte Arbeiter ihren Job. Ob bei Opel oder Grundig, bei den Energieversorgern oder in der Baubranche, das Muster ist stets das Gleiche: Zwar federn Kurzarbeit, Übergangsregelungen und Abfindungen die sozialen Härten im Einzelfall ab, die Arbeitsplätze aber werden abgewickelt. In den letzten zwei Jahrzehnten sind in Deutschland mindestens 2,5 Millionen einfache Stellen in der Industrie verschwunden.

Der „rheinische Kapitalismus", die viel gerühmte „soziale Marktwirtschaft", beruhte auf einer Art Gesellschaftsvertrag zwischen Lohnarbeitern und Unternehmern: Dem männlichen Proletarier wurden ein angemessener Verdienst und verlässliche Rahmenbedingungen im Beruf zugestanden – stillschweigende Voraussetzung war stets eine weibliche Partnerin, die unsichtbar und unbezahlt die Fürsorgearbeit „aus Liebe" übernahm. Mit dem Bruch dieses informellen Kontraktes zwischen Arbeitswelt und Arbeitsmann verschwand auch ein privates Versprechen an die Väter: die Garantie, einen Familienlohn zu erhalten und sich im günstigen Fall den Luxus einer Hausfrauenehe leisten zu können. Nicht umsonst hieß es in den fünfziger und sechziger Jahren des letzten Jahrhunderts im Ruhrgebiet stolz: „Die Frau des Stahlarbeiters braucht nicht zu arbeiten."

Jetzt untergräbt Arbeitslosigkeit die männliche Ernährerrolle in der Familie. Die meisten Väter betrachten das Geldverdienen als ihren zentralen Beitrag zur Familienarbeit. Ohne Erwerbsarbeit aber können sie keine finanziellen Versorger sein. Dem sozialen Abstieg im Beruf folgt häufig eine persönliche Kränkung: Wenn es Arbeitslosen oder prekär Beschäftigten nicht mehr gelingt, den weiblichen Wünschen nach einem ausreichenden Einkommen zu entsprechen, sinken ihre Chancen, überhaupt eine feste Beziehung einzugehen. Gerade in den ostdeutschen Krisenregionen mit ihrem Männerüberschuss ist die Partnersuche zum handfesten Problem geworden. Weil die jungen Frauen fehlen, erhalten Männer mit niedrigem Sozialstatus auf dem Heiratsmarkt gar nicht erst die Möglichkeit, eine Familie zu gründen. Sie werden zu doppelten Verlierern ohne Job und ohne Liebe, haben weder eine berufliche noch eine private Perspektive.

Selbstverständlich belegt ein beliebiger Blick in die Führungsetagen die fortbestehende männliche Vorherrschaft in Wirtschaft, Wissenschaft, Politik, Kultur und Verwaltung. Männer haben die meisten wichtigen Posten besetzt und werden auf diesen zudem besser bezahlt. Die Macht von global agierenden Unternehmern, Börsenspekulanten oder hochspezialisierten Programmierern ist ungebrochen. Doch die Privilegien dieser professionellen Elite verdecken, wie sehr andere Gruppen von Männern mit Rollenirritationen und sozialer Deklassierung konfrontiert sind. „Zwar sind Manager überwiegend männlich, aber nicht alle Männer sind Manager", auf diese Formel bringt es der Geschlechterforscher Peter Döge. Vor allem die angelernten Industriewerker mit ihren überholten Qualifikationen zählen zu den Verlierern des Wandels zur Dienstleistungsgesellschaft. Die Ära der Stahlkocher, Bandarbeiter und Gabelstaplerfahrer geht zu Ende. In den Erziehungs- und Pflegeberufen, aber auch im Callcenter, bei der Polizei, in öffentlichen Verkehrsmitteln oder beim Service für technische Geräte erwarten Arbeitgeber Kommunikationstalent, Einfühlungsvermögen und Serviceorientierung – Eigenschaften, die sie eher Frauen zutrauen.

Wenn Männer in früheren Zeiten eine Stelle bei Ford oder Siemens ergattert hatten, konnten sie sich fast darauf verlassen, dort ihr restliches Erwerbsleben zu verbringen. Jetzt droht ihnen statt fester Daueranstellung eine von beruflichen Brüchen und Erwerbslosigkeit geprägte Biografie. Väter bekommen damit Probleme, ihrer Familie eine verlässliche Perspektive zu sichern. Es macht wenig Sinn, dass Papa einen Bausparvertrag abschließt, wenn er nur einen Zeitvertrag in der Tasche hat. Der Stolz der Ernährer ist vor allem in den Unterschichten angeknackst. Das Fundament, auf dem proletarische Väter

ihr Selbstbild aufgebaut haben, bröckelt. Sozialarbeiter in den Brenn-
punkten des sozialen Wohnungsbaus berichten, dass ihnen vor allem
die arbeitslosen Männer Anlass zur Sorge geben. Diese kommen mit
dem Leben ohne eine bezahlte Tätigkeit besonders schlecht zurecht.
Sie ziehen sich vor den Bildschirm zurück und entwickeln sich zu
„Virtuosen der Fernbedienung", spielen am Computer oder sehen
stundenlang fern – während sich die Frauen trotz ebenfalls fehlender
Jobs leichter in gesellschaftliche Netzwerke wie Stadtteilcafés oder
Selbsthilfegruppen einbinden lassen.

Die nachfolgende Generation macht wenig Hoffnung auf Besserung. Junge Männer bis 24 Jahre sind häufiger von Arbeitslosigkeit
betroffen als die Frauen gleichen Alters – vor allem wegen ihrer
schlechteren Bildungsabschlüsse. Zwei Drittel aller Schulabbrecher
und drei Viertel der Sonderschüler sind männlichen Geschlechts. Jungen stellen den größeren Anteil der Verweigerer, Sitzenbleiber und
„Störer" des Unterrichts. „Von ihnen wird erwartet, cool, witzig und
faul zu sein, weshalb sie häufig dem widerständigen und sozial auf-
fallenden Schülertypus entsprechen", analysiert Michael Cremers in
einer Expertise für das Bundesfamilienministerium. „Kein Streber
sein" gilt als ein Teil von Männlichkeit, mit dem sich Jungen abgrenzen und von Mädchen unterscheiden können.

In den Hauptschulen stellen sie die deutliche Mehrheit, in den
Gymnasien sind sie dagegen zur Minderheit geworden. Mehr als die
Hälfte der jungen Frauen, 55 Prozent, will Abitur machen, bei den
gleichaltrigen Männern sind es nur 47 Prozent. Erst an den Universitä-
ten, drastischer bei den Promotionen und Professuren kehrt sich das
Verhältnis um. „Neben den leistungsstarken Mädchen, die Beruf und
Familie vereinbaren möchten und diesen Wunsch selbstbewusst ver-
treten, fallen viele Jungen auf, die noch unsicher dabei sind, ihre Rolle
in der Gesellschaft zu suchen und sich neu zu definieren", stellt die
Shell-Jugendstudie fest.

Mädchen sind die „moderneren" Kinder, „auf der Überholspur"
oder gar die „neue Bildungselite": Solche plakativ zugespitzten Thesen der Forscher haben mittlerweile die breite Öffentlichkeit erreicht.
Magazine und Zeitschriften bringen alarmistische Titelgeschichten,
Politiker stellen parlamentarische Anfragen, der Deutsche Industrie-
und Handelskammertag sorgt sich um die Leistungen männlicher
Schüler. Aufgeschreckt durch die Ergebnisse der Pisa-Studie, die vor
allem dem männlichen Nachwuchs aus Zuwandererfamilien gravie-
rende Leseschwächen attestiert, kommt das Thema auf Fachkonferen-

zen von Kultusministerien und Bildungsexperten auf die Tagesordnung. Die Vernachlässigung der Jungen, so klagen die Wirtschaftskammern, habe „negative Konsequenzen für deren berufliche Perspektiven" und verursache „hohe gesellschaftliche Kosten". Gelinge es nicht, sie mit gezielter Förderung aus dem Abseits zu holen, drohe ein „männliches Proletariat". Die Verfasser der Shell-Studie warnen gar reißerisch vor einem „Krieg der Geschlechter".

Das Szenario enthält sozialen Zündstoff und auch politische Brisanz. „Männlich, jung, Hauptschule" heißt regelmäßig die Kurzanalyse der Wahlforscher, wenn rechtsradikale Parteien spektakuläre Stimmengewinne erzielen. Die jungen Kerle, denen in strukturschwachen Regionen keine attraktive Männerrolle mehr erreichbar scheint, gelten als besonders anfällig für Aggressivität, Gewalt und Extremismus. In den Vereinigten Staaten forderte der Soziologe Mike Davis nach dem zweiten Wahlerfolg von Präsident George W. Bush die „American liberals", also die Intellektuellen rund um die Demokratische Partei, zur sorgfältigen Analyse auf. Er wies auf die „historischen Umstände" hin, „die aus den Helden der Arbeiterklasse von gestern die Barbaren vor den Stadttoren von heute gemacht haben". Davis erläuterte das am Beispiel des US-Bundesstaates West Virginia, eines alten Stahl- und Minenreviers mit hoher Arbeitslosigkeit – wo Bush mit großem Vorsprung gewann und erst Barack Obama an die „lange demokratische Tradition" anknüpfen konnte.

Ist die Zukunft also weiblich? Pauschale Zuschreibungen sind wegen der vielfältigen Lebenslagen fragwürdig. In den Spitzenpositionen der Wirtschaft finden sich keine Belege für diese These. Beileibe nicht jeder Mann wird gleich zum perspektivlosen Langzeitarbeitslosen, doch zumindest bei den gering Qualifizierten findet eine Angleichung der Geschlechter nach unten statt. Auch Männer können nicht mehr mit „Vollzeit ohne Unterbrechung bis zur Rente" rechnen und sind mit jenen unsicheren Erwerbsverläufen konfrontiert, die für Frauen schon immer „normal" waren. Sie werden in eine prekäre Selbstständigkeit abgedrängt, müssen sich mit Niedriglöhnen, Minijobs oder befristeter Beschäftigung zufrieden geben. Welche Spielräume gibt es vor diesem Hintergrund für den Wandel traditioneller Männerbilder und Männerollen?

Mannsein ist in unserer Gesellschaft nach wie vor ganz eng mit Erwerbsarbeit verknüpft. Für die mangelhaft Ausgebildeten wächst der Abstand zwischen Anspruch und Wirklichkeit: zwischen der immer noch mächtigen Erwartung, die Ernährerrolle ausfüllen zu können, und ihren tatsächlichen Chancen auf dem Arbeitsmarkt. Junge Männer spüren dieses Gefälle zum Beispiel bei der Suche nach einem Ausbildungsplatz. Nach hundert abgelehnten Bewerbungen macht sich aus verständlichen Gründen Frust breit. In der Schule haben sich die Jungen meist wenig auseinandergesetzt mit dem, was beruflich und privat auf sie zukommen könnte. Gesellschaftliche Normen weisen ihnen weiterhin die traditionelle Funktion des Versorgers zu. In der Realität aber dürfte es vielen schwer fallen, dieser Aufgabe in einer umstrukturierten Erwerbswelt gerecht zu werden.

„Das katholische Arbeitermädchen vom Land, das in den siebziger Jahren noch als Prototyp der schulischen Bildungsverliererin galt, ist mittlerweile vom Migrantensohn aus einer bildungsschwachen Familie abgelöst worden", fasst Jungenforscher Cremers prägnant zusammen. Schlecht qualifizierte junge Männer sind mit dauernden Erlebnissen des Scheiterns konfrontiert. Trotzig klammern sich manche gerade deshalb an ein konservatives Männerbild. Ganz selbstverständlich setzen sie Vaterschaft damit gleich, irgendwann „gutes Geld" zu verdienen und eine Familie unterhalten zu können. Die finanziellen Verheißungen eines erfolgreichen Erwerbslebens erscheinen ihnen weit attraktiver als fürsorgliches Engagement im Privaten. Oft liegt es jenseits ihrer Vorstellungskraft, dass sie als Verlierer des gesellschaftlichen Wandels demnächst vielleicht weniger verdienen könnten als ihre gleich gut oder besser qualifizierten Partnerinnen. Noch seltener stellen sie sich die möglichen Konsequenzen vor: Eine „Ernährerin" im Rücken, sollen sie plötzlich kochen, putzen, waschen und sich um die Kinder kümmern! Und dabei einen Beitrag leisten, der über gelegentliche Handreichungen hinausgeht.

Junge Männer benötigen pädagogische Impulse, die ihnen helfen, sich in dieser veränderten Situation zurechtzufinden. Die so genannte „Berufsvorbereitung" in den Schulen müsste so besehen eigentlich zu einer Vorbereitung auf die Wechselfälle des Lebens werden. Sie sollte vermitteln, dass unregelmäßige Erwerbsbiografien wahrscheinlich sind, dass aktive Vaterschaft und familiäre Verantwortung zur männlichen Lebensplanung gehören, und parallel praktische Fertigkeiten der „Arbeit des Alltags" im Haushalt und bei der Kinderversorgung einüben. Neue männliche Leitbilder können sich nicht mehr einseitig am alten „Arbeitsmann" orientieren. Notwendig ist auch mehr Beweglichkeit in den Köpfen, der Abbau von Vorurteilen: Soziale Tätigkeiten wie Erzieher, Alten- oder Krankenpfleger sind eben keine von vorne herein indiskutablen „schwulen Berufe", wie es im Schimpfwortrepertoire von Jungencliquen bisweilen abschätzig heißt, sondern vielleicht eine ernst zu nehmende Alternative – vor allem, wenn sie besser bezahlt werden. Auf jeden Fall sind sie besser als gar nichts.

Eine „weibliche" Arbeit, bei der Männer zum Beispiel kranke und alte Menschen pflegen oder Säuglingen die Windeln wechseln, bedeutet nicht nur niedrige Gehälter und geringe Wertschätzung. Sie ist immer auch eine Bedrohung der eigenen Geschlechtsidentität. Es erfordert Mut, dem gesellschaftlichen Druck standzuhalten und den Spott über unkonventionelle männliche Lebensorientierungen als das zu betrachten, was er auch ist: Ausdruck einer tief sitzenden Irritation. Davon handelt das folgende Kapitel.

„Kinder sind eine Provokation des männlichen Lebensstils": Fragen an den Familienforscher Harald Seehausen

Sie haben im Rhein-Main-Gebiet das „Aktionsforum Männer und Leben"
gegründet. Wie kommt es zu diesem Namen? Welches Problem haben
Männer mit ihrem Leben?

Das Forum ist der Versuch, Männer – und Frauen! – aus ganz unterschiedlichen Institutionen zusammenzubringen. In den neunziger Jahren gab es am Frankfurter Flughafen in Kooperation mit der Fraport AG eine „Arbeitsgemeinschaft Väterförderung", die innerbetrieblich aber noch nicht akzeptiert war. Das lag auch am Namen, wir haben deshalb nach einer anderen Bezeichnung gesucht. Das Wort „Männer und Leben" knüpfte an den ersten großen Väterkongress an, den ich im Jahr 2000 mit der damaligen Bundesfamilienministerin Christine Bergmann und der Commerzbank AG durchgeführt habe. Diese Veranstaltung trug den Titel „Mehr Leben ins Männerleben". Wir wollten die Kopfarbeit vieler Männer mit der Emotionalität, mit dem Herzen verbinden. Denn in einem großen Teil ihres Lebens setzen sich Männer eben nicht auseinander mit dem Alltag von Kindern und Familie.

Wie entstand das Forum und wer arbeitet dort mit?

Ich war früher als Sozialforscher im Deutschen Jugendinstitut tätig und habe Ende der achtziger Jahre eine Reihe von sozialpolitischen Foren zur betrieblichen Förderung von Kinderbetreuung durchgeführt. In der wissenschaftlichen Beschäftigung mit „verhaltensauffälligen" Kinder in Tagesstätten wurde uns deutlich, dass das Verhältnis der Kinder zu ihren Vätern in vielen Fällen ausgeklammert war. Die „vaterlose Gesellschaft" mit ihren Wirkungen auf die männliche Identitätsbildung wurde zu einem Thema der Kindheitsforschung. Wir haben im Frankfurter Raum einen zunächst kleinen Kreis gebildet, der Neuland betreten wollte: Fachleute aus den Kindergärten, aus Unternehmen und Gewerkschaften, aus der Frauenbewegung und der Familienbildung, aus Männergruppen und Bürgerinitiativen.

In den Unternehmen spielte das Väter-Thema damals keine Rolle ...

Es gab schon erste Ansätze einer familienfreundlichen Personalpolitik. Einige Firmen interessierten sich für überbetriebliche Verbundmodelle, um den Müttern unter ihren Mitarbeiterinnen eine Kinderbetreuung anbieten zu können. Väter wurden zu dieser Zeit personalpolitisch überhaupt nicht wahrgenommen, es ging um Frauenförderung! Das änderte sich ab Mitte der neunziger Jahre, als neben Juristen auch Psychologen oder Sozialwissenschaftler die Personalabteilungen eroberten. Und die waren häufig selbst junge Väter.

Unternehmen wollen Gewinne erzielen. Wie verträgt sich das mit dem eher sozialethischen Ziel, das Männerleben lebendiger zu machen?

Es hat ja viele Jahre gedauert, bis unser Netzwerk richtigen Schwung entwickelt hat. Das Aktionsforum wurde offiziell erst 2003 gegründet, und in der Zeit davor habe ich eine vorsichtige Annäherung zwischen den unterschiedlichen Milieus beobachtet. Die pädagogische Qualität in Kindertagesstätten zum Beispiel ist spätestens seit Pisa auch zur ökonomischen Frage geworden. Und umgekehrt setzen sich Betriebswirtschaftler in Unternehmen mit den Ergebnissen der Familienforschung auseinander: Sie bewerten Familienkompetenzen als Potenzial für eine innovative Personalpolitik.

Das hat zu tun mit den demografischen Prognosen, mit dem mittelfristig befürchteten Fachkräftemangel. Die Firmen wollen qualifizierte Mitarbeiter in der Familienphase nicht verlieren ...

Durch Studien, Veranstaltungen und Zertifizierungsverfahren ist das Thema in den letzten Jahren bei den Spitzenleuten der Wirtschaft angekommen. Wir haben aber immer noch eine hohe Arbeitslosigkeit, Fachkräfte fehlen nur in wenigen Ausnahmebranchen. Noch wichtiger als ökonomische Aspekte ist die kulturelle Veränderung. Es ist sozusagen gesellschaftlicher Konsens geworden, dass sich nicht nur Frauen, sondern auch Männer um Familie und Kinder kümmern sollen.

Der Brückenschlag in die Unternehmen hinein ist im Rhein-Main-Gebiet besser gelungen als anderswo. Wie schafft man es, dass der Chef der Industrie- und Handelskammer seine Räume für einen Väterkongress zur Verfügung stellt – und zur Eröffnung keine von anderen geschriebene Rede verliest, sondern über die eigene Männerrolle reflektiert?

Das hat sicher auch damit zu tun, dass wir uns nicht nur auf die Geschlechterfrage konzentriert haben. Unser Ausgangspunkt waren die Kinder, wir wollten die Betreuungs- und Bildungssituation verbessern. Diese Initiativen haben Vertrauen in den Betrieben geschaffen. An Runden Tischen haben sich Leute aus den Vorständen mit Kommunalpolitikern zusammengesetzt. Anders als früher beschäftigen sich heute auch Führungskräfte mit ihrer Rolle in der Familie. Wir haben da nicht nur die Oldies, sondern auch Männer, die selbst kleine Kinder haben und mit engagierten Frauen zusammenleben. Sie versuchen, mit der Partnerin zu einem Gleichgewicht im Alltag zu kommen, eine Zeitbalance zu finden. Das ist ein Prozess des Aushandelns, da geht es erstmal nicht um Väterpolitik, sondern um Rücksichtnahme und ein gutes Familienleben. Wenn sich Männer auf Erziehungsfragen einlassen, verändert sich aber auch ihr Selbstbild. Viele haben sich damit früher nie auseinandergesetzt, sie haben stets gerne und lange gearbeitet, sie haben viel Geld verdient und viel konsumiert. Jetzt versuchen diese Männer der modernen Mittelschicht, ihr Vatersein in eine neue männliche Identität zu integrieren. Sie nehmen das als eine Provokation ihres bisherigen Lebensstils wahr. Kinder fordern sie heraus zu verzichten – auf Zeit, Geld oder auch auf Karriere. Beruflich zurückstecken zu müssen – das ist ein hoher Preis, der aber ausgeglichen wird durch ein höheres Maß an Glück, an Zufriedenheit, an Bereicherung.

Damit sind wir wieder beim Forumstitel „Männer und Leben": Ihr Hauptanliegen ist, das Männerleben vielseitiger zu machen...

Es gibt ja immer wieder die Kritik, Männer würden sich „dem Nassen" entziehen, den Windeln, den Waschlappen. Sicher sind diese Tätigkeiten manchmal unangenehm und verschaffen keine tiefe Befriedigung. Zu einem vielseitigen Männerleben gehören aber auch das Feiern, das Spielen, die Fürsorge, die hohe Aufmerksamkeit gegenüber dem Kind. Und, nicht zu vergessen: die Partnerschaft,

Erotik und Sexualität. Das Leben besteht eben nicht nur aus dem Beruf. Aber noch favorisiert die Arbeitswelt in weiten Bereichen das althergebrachte und einseitige Männerbild vom Mitarbeiter, der berufliche Leistung bringt, Karriere macht und überdies sein Privatleben im Griff hat. Hier mischt sich das Aktionsforum ein.

Was ist ihre Väter-Perspektive für die Zukunft?

Die Kompetenzen, die Männer in der Familie lernen können, gewinnen in den Unternehmen an Bedeutung. Die Kosten von Beziehungsstörungen am Arbeitsplatz sind hoch. Dialogfähigkeit, Kommunikationsfreude oder das demokratische Einhalten von Regeln spielen nicht nur zu Hause, sondern auch in betrieblichen Projektgruppen eine wachsende Rolle. Es kommt also zu einer gewissen Annäherung zwischen Familie, Nachbarschaft, Freizeitleben und beruflicher Existenz. Die ökonomische Stabilität der modernen Dienstleistungsgesellschaft ist ohne flexible, vertrauensvolle Beziehungen nicht erreichbar.

Medien und Wissenschaft diagnostizieren eine Krise traditioneller Männlichkeit. Können Familienkompetenzen dazu beitragen, dass Männer nicht in eine Krise geraten?

Ein Beispiel: Ich habe zwei Jahrzehnte lang in einem Frankfurter Stadtteil Jugendliche im Fußballverein begleitet. Die haben sich als Trainer und Betreuer um kleine Kinder im Alter zwischen fünf und zehn Jahren gekümmert. Viele dieser Jugendlichen sind später männliche Erzieher geworden. Die Erfahrungen im Verein haben sie geprägt: das soziale Miteinander in der Gruppe, aber auch das Haarfönen, das gemeinsame Duschen, das Wegfahren in die Jugendherberge. Sie haben gelernt, Verantwortung zu übernehmen. Und die Anerkennung dieser Kinder ihnen gegenüber hat sie bestärkt, mit der tradierten männlichen Rolle zu brechen. Ähnliche Erfahrungen machen auch die Leiterinnen von Kindertagesstätten, die in unserem Forum aktiv sind und vorbildliche Konzepte für die Arbeit mit Vätern im Kindergarten entwickelt haben. Sie berichten, dass männliche Vorbilder, also Erzieher oder auch ehrenamtlich aktive Väter, für die Identitätsbildung gerade der Jungen sehr wichtig sind. Draußensein, Fußballspielen, Toben, überhaupt Aggression als positive Auseinandersetzung spielen eine wichtige Rolle für die hohe Akzeptanz männlicher Mitarbeiter in den Kitas. Auf die ganze Gesellschaft übertragen heißt das für mich: Wenn es zu einer Neubewertung von außerbetrieblichen Fähigkeiten kommt, weil diese auch einen betriebswirtschaftlichen Nutzen haben, wird die Differenz zwischen Familienrolle und Arbeitsrolle geringer. Sich von dieser alten Polarisierung zu verabschieden und Bedürfnisse nach Wärme, Sensibilität, Freundlichkeit, Spaß und Spiel zuzulassen, könnte ein Weg sein, Identitätskrisen zu verringern.

Macht Spüli impotent? – Der „Hausmann" im Spiegel der Öffentlichkeit

Wie Mann alle Katastrophen meistert – Abgenutzte Lachnummern – Die Erotik des Bandscheibenschadens – Daddy cool

> „Die inneren Werte, von denen man früher sagte, dass sie Männlichkeit ausmachten – Sicherheit, Stärke, die Verfolgung eines Ziels – verkauft man den Männern heute zur Stärkung ihrer Männlichkeit. Was als Essenz von Männlichkeit gilt, extrahiert man und zieht es auf Flaschen – ganz wortwörtlich im Fall von Viagra."
>
> Susan Faludi, Die großen Verlierer

Nun nähern wir uns schwierigem Terrain. Einem Gebiet, das Männer verständlicherweise stark irritiert. Was ist los mit dem Sex, mit der Anziehung der Geschlechter, wenn Männer und Frauen mit Rollenbildern experimentieren? Fehlt Vätern die erotische Ausstrahlung, wenn sie sich in der Familie engagieren? Sind sie keine richtigen Männer mehr, sobald sie sich richtig um ihre Kinder kümmern? Interessant ist, wie die Öffentlichkeit auf Lebensentwürfe reagiert, die abweichen von traditioneller Männlichkeit. Wie gehen Medien mit Männern um, die nicht den Macht-Mann, den Erwerbs-Mann, den Versorger-Mann in den Vordergrund stellen, sondern den familienorientierten Vater oder gar den Hausmann? Und welche Rolle spielen dabei Erotik und Sexualität?

Vor Jahren fiel mir ein Foto auf, das einen Kirchentag bewarb. Auf dem Bild war ein „ganz normaler" Mann zu sehen, der ein Kind auf dem Arm hielt. Das Foto wurde offenbar in einem U-Bahnhof aufgenommen, der Kopf des Mannes war von einer Deckenlampe „erleuchtet". Ein sehr christliches Motiv also – zumindest auf den zweiten Blick.

Mir war dieser Mann fast „zu normal". Oder bin ich schon so gewöhnt an die subtile Ästhetik der Herrenmode, der männlichen Models, dass ich mich mit diesem Typ Mann überhaupt nicht identifizieren konnte, dass er mir ein bisschen abgerissen vorkam? Musste er zum Beispiel unbedingt diese grässliche verblichene Cordjacke tragen, die ein bisschen an die ehemalige DDR erinnerte, und dazu dieses scheußliche Hemd? Und dazu diese komische Frisur aus den siebziger Jahren! War das nicht ein bisschen viel Softie-Klischee? Fehlten da nicht nur noch die Birkenstock-Sandalen mit Socken? Müssen neue Väter oder – allgemeiner ausgedrückt – alternative Rollenbilder – öffentlich so aussehen?

Kirchentage verströmen, wie es die *Tageszeitung* einmal treffend beschrieben hat, eine „gutherzige Stimmung an sich". Das bedeute auch, „dass die Schönheitsideale der kalten, unchristlichen Welt, also die Männer und Frauen aus Magazinen wie *Fit for fun,* deren Körper mehr gemeißelt als gestreichelt scheinen, dass diese ingenieurhaften Körperauren nichts zählen". Auf Kirchentagen haben „auch Männer und Frauen in unmodischen Outfits Chancen", behauptet der Autor, um dann ironisch auf den Punkt zu kommen: „Ein frohes Wesen muss nicht, kann aber sehr sexy wirken – weil die Seele lockend schimmert."

Auf einem anderen Bild schimmert es auch, und zwar vom Schweiß. Ein nackter Männeroberkörper, fotografiert für einen Werbeprospekt, der „Bücher für echte Männer" bewirbt: eine Ratgeberreihe der Zeitschrift *Men's health.* Ein paar Kostproben der angepriesenen Buchtitel: „Bodyconcept Bauch – Der ultimative Ausdauer- und Ernährungsguide", oder: „Penis pur – Was Männer wissen wollen"; „Waschbrett statt Wampe – die Men's health-Sixpackbibel"; „So macht Mann brave Mädchen wild – Der ultimative Erotik-Guide"; „Bei der nächsten Frau wird alles anders – Was Männer sich sparen können"; „Knowhow für Helden – Wie Mann alle Katastrophen meistert"; „Body-Guide Mann – Fakten, Vorurteile und Funktionen".

Auf das Funktionieren kommt es in Magazinen wie *Men's health* oder *Fit för fun* entscheidend an. Der Boom von Wellness und Gesundheit ist ja an sich etwas sehr Positives. Nichts spricht dagegen, dass Männer auf die Signale ihres Körpers achten. Wie die geringe Nutzung der Vorsorgeuntersuchungen belegt, ist das für die Mehrheit von ihnen alles andere als selbstverständlich. Die einschlägigen Ratgeber allerdings betrachten den Männerleib allzu technokratisch, als beliebig steuerbare Maschine. Nicht um erholsame Freizeitbeschäftigung geht es, sondern um anstrengendes und häufig von Medikamenten unterstütztes „Bodystyling".

Nur noch Sportler, die zu unserer Unterhaltung trainieren, kommen aufgrund ihrer Bewegung voran. Die Fitnessstudios sind Schauplätze eines nicht mehr so recht benötigten Körperkults. Physische Stärke, über Jahrtausende ein entscheidender Vorteil, wird immer weniger gebraucht in einer Gesellschaft, die vom Lernen, Wissen und Kommunizieren lebt. Sicher ist es verkehrt, die modernen Arenen des Ornamentalen nur als Kompensationsbühne der anderswo zu kurz Gekommenen zu betrachten. Aber es ist sicher auch kein Zufall, dass gerade jetzt einfache Rezepte kursieren, wie Männer statt mit Porsche und Portemonnaie mit Body und Beauty bestehen können. Die Tipps der Männergesundheitspresse richten sich an eine Zielgruppe, für die der eigene Körper auch deshalb an Bedeutung gewonnen hat, weil sie sich die Protzerei mit materiellem Reichtum kaum noch leisten kann.

Ihrer Identität als Versorger beraubt, orientieren sie sich an Äußerlichkeiten wie Muskelkraft und Waschbrettbauch. Während die Wirtschaft den hart schuftenden Arbeitsmann für überflüssig erklärt und aussortiert, kämpfen die bedrohten „Kerle" mit Gewichten und Anabolika gegen andere, weichere Ausprägungen von Männlichkeit. Die Orientierung an traditionellen Körper- und Schönheitsidealen dient dazu, ein angekratztes Selbstbewusstsein aufzupäppeln, sich überlegen zu fühlen und von anderen Lebensstilen abzugrenzen. Diese werden gezielt lächerlich gemacht – mit Witzchen, teilweise auch mit Hilfe von sexueller Denunziation.

In fast jedem Zeitungsinterview, in fast jeder Radio- oder Fernsehsendung zum Väter-Thema werde ich gefragt: „Was halten Sie denn vom Hausmann?" Ich betone dann stets, dass ich nicht übermäßig viel von ihm halte, dass es bei der „neuen Väterlichkeit" nicht um Rollentausch, sondern um geteilte Elternschaft geht. Auffällig ist, dass die Nachfragen meist in eine bestimmte Richtung zielen. Vor allem die Privatsender suchen extreme Fallbeispiele: Sie möchten Väter präsentieren, die sich vollständig aus der Erwerbswelt zurückgezogen haben und ausschließlich für ihre Kinder da sind. In der realen Welt jenseits der Medien ist das aber die große Ausnahme. Unter den Männern in Elternzeit sind die wenigsten lupenreine Hausmänner, und schon gar nicht für längere Zeit.

Ein Grund für das große Interesse an diesen Exoten ist die angebliche – und ganz selbstverständlich vorausgesetzte – „schwindende Machterotik" von Männern, die nicht bezahlt arbeiten und sich stattdessen um private Fürsorge kümmern. Am liebsten wäre manchen JournalistInnen ein möglichst lascher Typ, ein lächerlicher Latzhosen-Papa, den das dauernde Spülen, Putzen und Bügeln impotent gemacht hat. Je krawalliger die Talkshow, desto mehr geht es um „das Eine", um Sex. Jedenfalls im Bezug auf das, was die ProgrammplanerInnen von „Männerexperten" wissen wollen. Die sollen möglichst erzählen, dass Frauen die „Verhaustierung" des Mannes alles andere als attraktiv finden und dass Pantoffelhelden im Bett keinen mehr hoch kriegen.

Nicht nur im „Unterschichtenfernsehen", auch in seriösen Medien finden sich Beispiele für die Abwertung von Männern, die mit Geschlechterrollen experimentieren. Oft sind das nur Kleinigkeiten. Als vor ein paar Jahren eine Vortragsveranstaltung von mir angekündigt wurde, schrieb ein Journalist einen wohlwollenden Artikel. Nicht gerechnet aber hatte er mit seinem Bildredakteur (oder war es gar eine Bildredakteurin?), die das Ganze mit dem Foto eines (Haus)-Mannes garnierte. Ausgesucht wurde ein ungepflegter Typ im schlabberigen T-Shirt, der in einer altmodischen Küche spülte. Vor ihm türmten sich Geschirrberge und Essensreste, Strippen und vergilbte Teenetze baumelten vom Regal und komplettierten das triste Bild abweichender Männlichkeit.

Wie es den „Mutter-Attrappen" (so eine Schlagzeile) im Alltag ergeht, erfährt die Öffentlichkeit in schöner Regelmäßigkeit aus erster Hand. Die abenteuerlichen Erlebnisse von Männern in der Elternzeit werden immer wieder gern gedruckt. In Ratgebern bündeln Journalistenkollegen ihre Erfahrungen in einem heroischen Aufschrei gegen all die Kränkungen, die ihnen die Heldenreise in eine weiblich dominierte Welt eingetragen hat. Interessant sind die sexuellen Phantasien, die den veröffentlichten Hausmännern dabei einfallen. Etwa in einem Text der eingestellten Zeitung *Die Woche*: Frustriert von den Lieblingsschauplätzen solcher Geschichten (wahlweise Spielplatz, Krabbelgruppe oder Bioladen) zurückgekehrt, wo er sich mal wieder über die Mütter geärgert hat, fantasiert der Autor über seine mit diesen Frauen verheirateten Geschlechtsgenossen: „Im Doppelbett dieser Glucken liegen abends mit Sicherheit jene angefetteten, stiernackigen Männer, die mich, wenn ich im Supermarkt mit Johanna einkaufe, fragen, ob ich meine Schürze zuhause vergessen habe."

Stiernackige Schürzenjäger im Supermarkt – diesem aktiven Vater bleibt keine Schande erspart! Seine Konkurrenzgefühle zu den anderen Männern sind vor allem sexueller Natur. Er träumt davon, den „Dummbeuteln den ausgefahrenen Mittelfinger zu zeigen". Aber auch jene Männer, die in einer vergleichbaren Lebenssituation sind und denen die Verantwortlichkeit für Haushalt und Kinder möglicherweise etwas leichter fällt als ihm selbst, bleiben von den sexuellen Attacken des Verfassers nicht verschont: „Oberflächlich zum allzeit liebevollen Weichei zerlaufend, haben sie, etwas tiefer geblickt, aufs männlichste versucht, die besseren Mütter zu werden. Wie viele dieser Mappis lagen abends verzweifelt im Bett und fassten ernsthaft ins Auge, sich heimlich einer Hormonbehandlung zu unterziehen, um eines Tages mit pralleren Brüsten, als ihre Frauen sie hatten, der Welt zu zeigen, wer hier das Kind schaukeln wird."

Ressentiments gegen veränderungsbereite Männer gehören zum kulturellen Mainstream. In Filmen, Sketchen, Frauenzeitschriften oder Werbemotiven werden sie verspottet, zu Trotteln erklärt und als beziehungsunfähige Wesen dargestellt. „Männer geben früher den Löffel ab" war die witzig gemeinte Unterzeile zu dem eben beschriebenen Hausmann-Foto. Witzig sein ist beim Thema Hausmann überhaupt das Allerwichtigste. Mann macht sich gerne lustig über seltsame Geschlechtsgenossen, und auch Frau lacht mit. Und wer das ernsthaft analysieren will, dem fehlt einfach der Humor. Das „Weichei" zog in der Comedy-Szene ein ganzes Genre von Gags nach sich. So schrieb das hessische Privatradio *ffh* mit großem Erfolg einen Wettbewerb aus. Die Hörer konnten anrufen und mit immer neuen Wortkreationen Preise gewinnen. Männer verspottende Sprachschöpfungen wie „Frauenversteher" oder „Sitzpinkler" landeten auf den vorderen Plätzen.

Unter dem Titel „Abstieg zum Dummerchen" hat der *Spiegel* einst beschrieben, wie engagierte Familienväter angeblich unweigerlich „zur Lachnummer verkommen". Das Herrenmagazin verkündete: „Im Bett der Hausmänner wird die erotische Spannung geringer." Da kommt beim schuftenden Teil der männlichen Bevölkerung dann wirklich Freude auf. Die Machterotik des Bandscheibenschadens, der Wortlosigkeit und der vier Flaschen Bier am Abend; der erotische Kick, der sich beim Heimkommen, Krimigucken und Müdewerden aufbaut; die knisternde Spannung der privaten Randständigkeit, der Überstunden und der Wampe, all das erfährt seine fröhliche Umdeutung: Ich gehe arbeiten, ich bin ein ganzer Kerl und kein zotteliger Hausmann!

Das Klischee vom „Weichei", das auf Männer mit ungewöhnlichen Lebensentwürfen zielt, wirkt mittlerweile reichlich abgenutzt. Warum sollten Väter, die sich Zeit nehmen für ihre Kinder, nicht sexy sein? Sind sie in ihrer Rolle als „Daddy cool" nicht sogar attraktiver? Ein Plakat des DGB Hamburg, das vor ein paar Jahren für Teilzeitarbeit warb, hat die übliche sexuelle Denunziation in ihr Gegenteil verkehrt. Die Gewerkschaften sind ja in der Regel alles andere als ein Hort der Ironie – und an das Thema Sex trauen sie sich erst recht nicht heran. In diesem Fall war das ausnahmsweise anders, und der Erfolg war überwältigend: Das Poster, in einer Auflage von 50 000 Stück auch als Postkarte in Kneipen, Kinos und Theatern verteilt, ist längst vergriffen.

Es zeigt einen Mann – nackt oder zumindest mit nacktem Oberkörper – im Bett, der sich die Hand an die Stirn hält und frustriert ins Leere starrt. Hinter ihm bemüht sich eine Frau mit tröstendem Gesichtsausdruck um ihn. „Hätt' er Teilzeit, könnt' er länger..." steht darunter. Sie enttäuscht, er verzweifelt: Unter dem Motto „Mit Teilzeit wär' das nicht passiert" wagt sich ausgerechnet der Deutsche Gewerkschaftsbund ins Schlafzimmer! Das hätte ihm wirklich niemand zugetraut. Die alten Sprüche wie „Samstag gehört Papi mir" waren ja noch im Einklang mit der Beschlusslage – da stellen wir uns den netten Familienvater vor, der mit seinen Kindern durch den Märchenwald streift. Aber jetzt: länger können! Wird da nicht der Leistungsdruck einfach nur verlagert – vom Arbeitsplatz ins Bett? Und stimmt die These überhaupt: je weniger Stress im Betrieb, desto besser klappt der Sex? Macht also nicht Spüli impotent, sondern Arbeit? Der Hausmann als Latin lover?

Man sollte das nicht moralinsauer überinterpretieren – sondern sich einfach freuen, dass der DGB ausnahmsweise witzig ist! Der Kerngedanke ist jedenfalls nicht verkehrt: Für Erotik und Sexualität braucht Mann Zeit – ein entspannteres Leben, als ihm die Arbeitsgesellschaft und die damit verknüpfte Rolle des materiellen Versorgers gönnen will. Andererseits hält sich das Klischee mit der Machterotik nicht ohne Grund so beharrlich. Denn der Traum vom Versorger ist keineswegs durchgehend ausgeträumt. Die Komplizenschaft mancher Frauen mit den männlichen Siegertypen gibt es nach wie vor. Bei der weiblichen Partnerwahl spielen Leistung und sozialer Status weiterhin eine wichtige Rolle. „Macht rangiert bei ihnen als ausschlaggebender Faktor fürs Verlieben noch vor Geld, Charme und Eloquenz", glauben die Männerforscher Peter Döge und Rainer Volz. Frauen seien daran interessiert, „nach außen einen starken Mann vorweisen zu können, der ihr eigenes Prestige erhöht", heißt es in einer Paar-Studie von Cornelia Koppetsch und Günter Burkart. In bestimmten Situationen beständen die Frauen sogar „rigider als die Männer auf der Einhaltung der Konventionen, um keinen Zweifel an der Männlichkeit des Ehemannes aufkommen zu lassen".

Riskieren also engagierte Väter, die das Korsett der Macht zumindest zeitweise ablegen, dass ihre Partnerinnen sich in Richtung traditioneller Alphamännchen orientieren? Der Künstler aus gutem Hause, der alternative Zeitpionier mit Erbschaft, überhaupt der moderne Bohemien: Solche ungewöhnlichen männlichen Lebensentwürfe werden vielleicht akzeptiert, mögen sogar erotisch reizvoll sein. Aber der Taugenichts ohne Einkommen, ohne kreative Aura, ohne Prestige und öffentlichen Einfluss, den Frau schlicht ernähren muss? „Finden Sie eigentlich Hausmänner sexy?" wurde die Chefredakteurin der Frauenzeitschrift *Brigitte* vor einiger Zeit gefragt. „Nicht die Bohne" war die Antwort, die aber immerhin noch weiter ging: „Einen Mann mit einem spannenden Beruf, der klasse darin ist und daneben noch Hausarbeit macht, den finde ich sehr wohl sexy."

Weich und hart zugleich: Spitze im Job, nachmittags für die Kinder da, abends der großartige Liebhaber – das klingt nach Überforderung. Aber es ist kein Widerspruch, im Beruf seinen Mann zu stehen und trotzdem im Privatleben fürsorglich zu sein. Engagierte Väter retten vielleicht nicht unbedingt die Welt da draußen, dafür erleben sie Abenteuer anderer Art, die aufregender sein können als jeder Wüstentrip. Warum sollte sie diese spannende Mischung unattraktiv machen?

Die Wissenschaftler attestieren Frauen eine „Weichensteller-Funktion", wenn es um das männliche Experimentieren mit neuen Rollenmustern geht. Sie müssen ja nicht den spülenden Zottelbär oder den erleuchteten Kirchentagsvater mögen. Aber auch viele andere veränderungsbereite Männer fühlen sich überfordert durch widersprüchliche weibliche Erwartungen. In Befragungen zu den niedrigen Geburtenzahlen in Deutschland machen Frauen den „fehlenden Partner" für ihre Kinderlosigkeit verantwortlich. Gibt es also tatsächlich eine männliche Verweigerung, einen „Zeugungsstreik"? Wollen Männer keine Kinder und warum? Darum geht es im nächsten Kapitel.

„Nicht mehr umgeben von Peinlichkeit und Unsicherheit": Fragen an Eberhard Schäfer, Väter-Experten-Netz Deutschland

Sie haben einen erwachsenen Sohn. Wie hat sich Väterlichkeit seither verändert?

Mein Sohn ist 1982 geboren. Ich war bei der Geburt im Kreißsaal dabei, das war damals überhaupt keine Selbstverständlichkeit. Es waren nicht mehr die größten Barrieren zu durchbrechen, ich war nicht der allererste, aber man musste den Beteiligten, der Hebamme und dem Arzt, deutlich sagen, dass man das will. Ich habe schräge Blicke geerntet, ich musste begründen, für wen das gut sein sollte. Dann wurde das akzeptiert, aber bei Gott nicht willkommen geheißen. In den siebziger Jahren waren es nur fünf Prozent der Väter, die bei der Geburt anwesend waren, heute sind es 95 Prozent!

Sie waren lange in der Berliner Männerberatungsstelle „Mannege" tätig – dann haben sie den „Papaladen" im Bezirk Prenzlauer Berg gegründet. Warum?

Ich war schon in der Mannege zuständig für die Arbeit mit Vätern. Die Förderung, die wir von der Senatsverwaltung bekommen, bezog sich stets ausschließlich auf diesen Bereich. Der Papaladen ist inzwischen eine Art Modellprojekt – ein neuer Ansatz von Stadtteilarbeit, alternative Familienbildung für Männer sozusagen.

Was heißt das konkret?

Wir bieten zum Beispiel Geburtsvorbereitung für werdende Väter an. Wir arbeiten mit Hebammen zusammen, zu den Kursen melden sich überwiegend Paare an, und wir machen dann Kursteile mit den werdenden Vätern. Wir machen auch Vater-Kind-Wochenenden. Immer wieder sagen uns dort teilnehmende Väter: Wir haben sonst so wenig Zeit für unsere Kinder, und dann schneiden wir uns mal ein Wochenende im Jahr – oder auch im halben Jahr, im viertel Jahr – raus, und verbringen das ganze Wochenende mit unserem Kind! Das sind sehr intensive Erlebnisse, und deshalb machen die Väter das gerne. Ansonsten bieten wir auch Vätergruppen an, in denen sich zum Beispiel Väter in Elternzeit treffen, um sich über ihre Situation auszutauschen: Wie lebst du dein Vatersein? Und die Echos sind immer ähnlich, nämlich dass Väter sagen: Es ist schön, mal von anderen zu hören, wie die den Spagat zwischen Beruf und Familie hinkriegen, was für Alltagsfragen zwischen Erziehung und Partnerschaft es gibt, bis hin zu ganz praktischen Anregungen: Wo kauft man den Kindersitz fürs Auto?

Das Thema Väter ist auch im politischen Raum präsenter als früher. Gibt es eine Väter-Bewegung in Deutschland?

Wenn es eine Bewegung gibt, dann sind das diejenigen, die man Väterrechtler nennen könnte. Das sind Väter, die von der Mutter ihrer Kinder sozusagen ausgeschlossen werden, sie können ihre Kinder nicht so häufig sehen, wie sie das möchten. Weil sie das Sorgerecht nicht haben, fehlt ihnen jede rechtliche Handhabe, mit ihrem Kind umgehen zu können. Diese Väter treten sehr massiv und hartnäckig auf, kämpfen für Veränderungen, die ich durchaus unterstütze, aber ist das eine Art Ein-Punkt-Bewegung. Die gehen bis vor den europäischen Gerichtshof für Menschenrechte, sind zum Teil sehr militant. Andere Väter suchen eher den Dialog mit den Müttern, aber ich würde das nicht als Bewegung bezeichnen. Das sind Fachleute, die versuchen, auf verschiedenen Baustellen etwas zu bewegen, in der Beratung, in der Weiterbildung, im Gesundheitswesen, in rechtlichen Fragen.

Damit sind wir bei dem bundesweiten Verein „Väter-Experten-Netz". Dessen Selbstverständnis drückt sich schon im Namen aus: Es handelt sich um Profis, die sich zusammengeschlossen haben, und nicht um die Väter „an der Basis". Was soll dieses Netzwerk bezwecken?

Wir wollen das Thema „engagierte Väter" in gesellschaftspolitische und fachpolitische Diskussionen einbringen. Ganz automatisch wird das Eltern-Kind-Verhältnis immer als Mutter-Kind-Verhältnis gesehen. Bei allen Themen rund um die Geburt zum Beispiel werden Väter nach wie vor kaum erwähnt. Oder in der Familienbildung sind 90 Prozent der Pädagoginnen Frauen, und 80 Prozent der Teilnehmenden Mütter. Wir weisen darauf hin, dass Familie mehr ist als Mutter und Kind. Es gibt eben auch Väter, die Probleme haben, Kind und Beruf zu vereinbaren. Und diese Väter haben heute Interesse daran, das Aufwachsen ihrer Kinder als Erzieher und Versorger zu begleiten.

Geht es auch um Väter-Lobbyismus gegenüber politischen Parteien?

Ja, aber ich würde das nicht so verstehen, dass wir eine unterdrückte Minderheit sind und auf unsere Rechte hinweisen wollen. Es geht einfach um das Kindeswohl: Zwei aktive und zugewandte Elternteile, die Zeit für ein Kind haben, sind besser als nur ein Elternteil. Insofern sind wir vielleicht eine Lobby für das Wohl des Kindes, oder eine Lobby zum Wohle der Familie, weil wir ermöglichen wollen, dass sich sowohl Mütter wie Väter um ihre Kinder kümmern können. Wir setzen uns dafür ein, dass Familien zufriedener sind!

Sie haben an internationalen Konferenzen zum Thema Väter teilgenommen. Wie würden Sie die deutsche Diskussion einordnen?

Themen wie Papamonate oder Vaterschaftsurlaub sind zum Beispiel in den nordischen Ländern schon vor zwanzig Jahren debattiert worden. In Großbritannien sind Väter politisch eigentlich kein Thema, aber es gibt auf der kleinteiligen Ebene von Stadtteilen oder Wohlfahrtsorganisationen weit mehr Aktivitäten als bei uns. Mit dem Papaladen sind wir Mitglied im Paritätischen Wohlfahrtsverband, und dort Teil der Fachgruppe „Frauen, Mädchen und Familie". Da kam das Thema Mann oder Vater bis vor kurzem überhaupt nicht vor, und nur wenige Männer sitzen in einer 40-köpfigen Fachrunde. Das sieht in anderen Ländern schon anders aus.

Es gibt einen bestimmten Umgang mit abweichender Männlichkeit in dieser Gesellschaft, Stichwort Warmduscher, Weichei und so weiter. Warum gibt es so viele Versuche, Väterlichkeit lächerlich zu machen?

Es gab vor Jahren diesen Film „Der bewegte Mann", der zwar in der Schwulenszene spielte, aber offenbar eine große Wirkung auf Männer allgemein hatte. Nach meinen Geburtsvorbereitungskursen für werdende Väter sagen Teilnehmer immer wieder: Ich hatte befürchtet, das wird so wie in „Der bewegte Mann", aber es war ja doch ziemlich cool! Männer möchten mit dieser therapeutischen Sprache und Umgebung nicht in Verbindung gebracht werden.

Was ist denn unmännlich an Väterlichkeit? Ich finde Väter oft sehr männlich, und kann jedenfalls keinen Unterschied zu anderen Männern feststellen.

Das sehe ich genauso. Oder anders gesagt: Es gibt einen väterlichen Stolz und ein väterliches Selbstbewusstsein. Dazu eine Anekdote: Als ich kürzlich einen freien Platz in einem überfüllten Cafe suchte, habe ich einen Vater mit seinem etwa zweijährigen Kind gefragt: Ist hier noch frei? Und er hat ganz stolz geantwortet: Nein, hier ist leider nicht mehr frei, da kommt gleich noch ein Vater mit noch einem Kind. Also eine richtig selbstbewusste Aussage, ich bin hier als Vater, und mit einem anderen Vater verabredet. Väter gehen heute gemeinsam mit dem Kinderwagen durch den Park oder unterhalten sich auf dem Spielplatz. Sie verstecken das Vatersein nicht, das ist nicht mehr umgeben von Peinlichkeit oder Unsicherheit.

Kleine Prognose zum Schluss: Wo stehen die Väter in zehn Jahren?

Dann sind wir ein Stück weiter als jetzt. Papamonate und Elterngeld haben zwar nicht dazu geführt, dass genauso viele Väter in Elternzeit gehen wie Mütter. Wenn Väter im Betrieb sagen, sie wollen sich mehr um ihre Kinder kümmern, wird ihnen das wahrscheinlich immer noch zur Last gelegt. Ich gehe davon aus, dass engagierte Vaterschaft bei der Elternarbeit in Kindergärten und Schulen mehr Unterstützung erhält – weil sich die Erkenntnis durchgesetzt hat, dass aktive Väter gut für die Entwicklung der Kinder sind. Wir werden aber nicht so weit sein, dass sich Männer und Frauen gleich verantwortlich um Kinder kümmern. Immerhin werden die politischen Rahmenbedingungen besser sein. Instrumente wie Ehegattensplitting oder Familienmitversicherung von Hausfrauen, da bin ich optimistisch, werden nicht ewig Bestand haben.

Herren ohne Schöpfung – Wollen Männer keine Kinder?

Ein Schauspieler mit Komplexen – Die Demografie-Debatte und ihre elitäre Begleitmusik – Drastische Szenarien – Wie Alarmismus mutlos macht

> „Manche fanden die Gleichgültigkeit anziehend, die von ihm ausging. In Wahrheit wusste er bloß nicht, was er wollte. Nie kam er über das verspielte Beginnen hinaus, das zu nichts verpflichtete. Er ertrug es nicht einmal, durch seine eigenen Wünsche zu etwas verpflichtet zu sein."
>
> Andreas Laudert, Die Unentschiedenen

Männer haben einen „Hugh-Grant-Komplex", behauptet Meike Dinklage. Mit seiner „Unsicherheit sich selbst und dem Leben gegenüber", so die Hamburger Autorin und Journalistin, verkörpere der britische Schauspieler in seinen Filmen exakt das, was einen „Kinderverhinderer" ausmache. Vom „Zeugungsstreik" kündet folgerichtig ihr griffiger Buchtitel. Endlich Entlastung also für die in der Dauerkritik stehenden kinderlosen Frauen: Der „Gebärstreik", von dem zuvor immer die Rede gewesen war, klingt nach weiblicher Verweigerung und egoistischer Selbstverwirklichung. Dabei sind in Wirklichkeit die Männer schuld: Sie wollen einfach nicht erwachsen werden, haben Angst oder keine Lust, Verantwortung zu übernehmen und sich auf irgendetwas festzulegen. Statt den familiären Nestbau zu planen, frönen die 30-Jährigen lieber ihren spätpubertären Hobbies. Die sich verweigernden Kerle sind die heimlichen – oder auch offensichtlichen – Bremser bei der Familiengründung! An den Herren der Schöpfung liegt es!

Widerspruch kommt von Frank Schirrmacher. Die Hauptursache für niedrige Geburtenzahlen, behauptet der Mitherausgeber der *Frankfurter Allgemeinen Zeitung* in seinem Buch „Minimum", liege in der Biologie – und damit bei den Frauen. Wo sonst? Schließlich fegen die Weibchen seit Jahrtausenden die Hütte und kochen die Beeren ein. Viel Beifall gerade von männlichen Kommentatoren erhielt die frühere *Tagesschau*-Sprecherin Eva Herman, als sie das „Eva-Prinzip" in der heimischen Mutterrolle verortete und Kinderlosigkeit als weiblichen Irrweg anprangerte. Schlichte Thesen und einfache Weltbilder verkaufen sich gut: Die Herren greifen auf archaische Muster zurück und landen stets zielsicher bei den Damen, sobald es um den Haushalt und die private Fürsorge geht. Während Männer in der „Wildnis des Lebens" den Bären erlegen, sind Frauen „Hüterinnen der Flamme" und „sozialer Kitt". Aus ganz natürlichen Gründen tragen sie daher die Verantwortung für „abnehmende" Geburtenraten. Und für die ganze Malaise der Familie, einschließlich von Erziehungsproblemen, Drogenmissbrauch und kriminellen Jugendbanden, gleich mit.

Naht überhaupt eine demografische Katastrophe? Von regionalen Ausnahmen abgesehen, so die Prognosen, wird die Zahl der in Deutschland lebenden Menschen in den nächsten 30 Jahren nur unwesentlich zurückgehen. Noch weiter reichende Voraussagen halten seriöse Statistiker ohnehin für fragwürdig. Die Debatte um das Thema Demografie hatte von Anfang an einen unappetitlichen bevölkerungspolitischen Beigeschmack. Die Kommentatoren regt nämlich vor allem eines auf: die Gebärunlust der gebildeten Kreise. Zum alarmistischen Grundton spielt man eine elitäre Begleitmusik: Die „falschen" Leute, Migrantinnen und gering Qualifizierte, kriegen die meisten Kinder. Nur im „unordentlichen Milieu" der Unterschichten gelte Familie noch als natürlich, moniert *Zeit*-Redakteurin Susanne Gaschke. Die so geschürte Sorge um die akademisch gebildete Mittelschichts-Gebärmutter inspiriert zu populistischen Stellungnahmen. In den Boulevardzeitungen schlugen Politiker vor, Kinderlosen kurzerhand einen Teil ihrer Rentenansprüche wegzukürzen. Und Leitartikler dachten öffentlich darüber nach, die Verweigerinnen mit Steuererhöhungen zu bestrafen.

Immer wieder kursieren in diesem Zusammenhang Behauptungen, die sich durch Zahlen nicht belegen lassen. So ist der Anteil der kinderlosen Akademikerinnen in der Altersgruppe von 40 bis 44 Jahren seit 1971 von 40 auf 33 Prozent gesunken, wie die Forscher vom Berlin-Institut für Bevölkerung und Entwicklung ermittelten. Frauen mit Hochschulabschluss haben sich also früher sogar klarer für ihre Karriere und gegen den Kreißsaal entschieden als heute. Dass die Kinderlosigkeit qualifizierter Frauen deutlich gestiegen sei, ist einfach falsch. Seriöse Berechnungen gehen von rund 25 Prozent Akademikerinnen ohne Nachwuchs aus.

Ein anderes Beispiel für Zahlenzauberei und krude Deutungsmuster ist die Formulierung, es gebe in Deutschland eine „abnehmende Geburtenrate". Tatsächlich ist diese seit drei Jahrzehnten konstant. Zwischen 1,3 und 1,4 Kinder bekommen deutsche Frauen im statistischen Mittel, hat das Berlin-Institut festgestellt. Allerdings liegt diese Quote unter dem (west)europäischen Durchschnitt, und die Wissenschaftler sagen sinkende absolute Zahlen für die Zukunft voraus. Der Grund dafür sind aber nicht die karriereverliebten Egoisten unter 40, sondern schlicht kleinere Alterskohorten. Der „Pillenknick" macht sich bemerkbar: Die potenziellen Eltern von heute wurden in den siebziger und achtziger Jahren des letzten Jahrhunderts geboren – und gehören damit selbst schon relativ „geburtenschwachen" Jahrgängen an.

Mit dem dicken Pinsel anthropologischer Gewissheiten zeichnen konservative Kulturkritiker ein düsteres Zukunftsbild schrumpfender Gesellschaften. Sie inszenieren sich als Retter bürgerlich-familiärer Werte, kritisieren den angeblich schrankenlosen Individualismus einer „Genussgeneration". Die ständige Klage über die mangelnde Bereitschaft junger Paare, Belastungen auf sich zu nehmen, erinnert dabei in ihrer Wortwahl keineswegs zufällig an die angeblich fehlende Bereitschaft von Hartz IV-Empfängern, Niedriglöhne zu akzeptieren. Die „Generation Praktikum" soll sich mit sozialer Unsicherheit und Gelegenheitsarbeit zufrieden geben – und froh sein, überhaupt einen bezahlten Job zu bekommen. Mit immer drastischer ausfallenden bevölkerungspolitischen Szenarien werden die Köpfe weich geklopft, die Hirne gefügig gemacht. Die Rente ist sicher? Vorsorgen sollst du, auf eigene Rechnung selbstverständlich, denn auf den Staat ist doch längst kein Verlass mehr! So bereitet der „Minimalismus", den Schirrmacher und seine apokalyptische Gefolgschaft den jungen Leuten vorwerfen, Minimalismen ganz anderer Art den Weg. Feuilleton und politischer Kommentar ziehen dabei an einem Strang: Das Geschreibe und Gerede über eine nahende demografische Katastrophe eignet sich bestens als ideologische Vorbereitung für weiteren Sozialabbau.

Für Schirrmacher und andere Meinungsmacher ist das zu wenig opferbereite weibliche Geschlecht schuld an sinkenden Geburtenzahlen. Frauen missachten die „Schöpfungsnotwendigkeit" (*Der Spiegel*) und weigern sich, die „Urgewalt der Natur" (*Frankfurter Allgemeine*) anzuerkennen. Platte Schuldzuweisungen dieser Art sind auch eine Reaktion auf Studien und Befragungen, die in den letzten Jahren verstärkt die Rolle der Männer in den Blick genommen haben. Statt vom Gebärstreik war immer häufiger vom Zeugungsstreik die Rede. Wissenschaftler attestierten den jungen Männern „Risikoscheu" und fehlende Selbstständigkeit. Noch mit Mitte 20 lasse sich die Hälfte von ihnen im Hotel Mama versorgen, gehe spät oder nie feste Bindungen ein. Den potenziellen Erzeugern werde die Familiengründung zu anstrengend, resümierte ein Gutachten im Auftrag der Robert-Bosch-Stiftung.

Die Väter der Baby-Boomer konnten sich noch darauf verlassen, dass Hausfrauen ihnen die gesamte Fürsorgearbeit abnahmen. Aus der stillen Fee daheim ist mittlerweile in vielen Beziehungen eine ebenfalls berufsorientierte Partnerin geworden. Die erwartet mehr als den die Geldbörse zückenden Giropapa, der sich zu Hause auf die Rolle des Zaungastes und ewigen Praktikanten beschränkt. Die gestiegenen weiblichen Ansprüche, so könnte man die Zeugungsunlust männlicher Akademiker interpretieren, vermindert offenbar das Interesse der traditionellen „Breadwinner" an eigenem Nachwuchs.

Eine Untersuchung nach der anderen hat den Herren der Schöpfung die Verantwortung für fehlende Geburten zugeschrieben. So befragten die Meinungsforscher von Forsa im Auftrag der Zeitschrift *Eltern* 40 000 Männer und Frauen zwischen 18 und 49 Jahren. Nur ein gutes Fünftel der Interviewpartner nennt als Grund für ihre Kinderlosigkeit die unzureichende öffentliche Betreuung. Fast die Hälfte hingegen verzichtet auf Nachwuchs, weil „der Partner" fehle. Die maskuline Form ist an dieser Stelle kein Zufall: Nicht etwa „die Partnerin" fehlt, es fehlt meist der passende Mann.

Der Bosch-Studie zufolge setzen Männer andere Prioritäten als Frauen. Zwei Drittel von ihnen räumen dem Beruf absoluten Vorrang ein. Die Schere zwischen männlichem und weiblichem Kinderwunsch geht deutlich auseinander. Im europäischen Vergleich gelten deutsche Männer als hartnäckige „Nesthocker": Nur ihre spanischen, italienischen und griechischen Geschlechtsgenossen bleiben ähnlich lange im Elternhaus, während zum Beispiel junge Dänen, Finnen oder Niederländer deutlich früher das Elternhaus verlassen. Der späte Auszug verschiebt die Familiengründung nach hinten – oder gleich nach ultimo. Im besten gebärfähigen Alter bleiben Männer lieber „große Jungen", als junge Väter zu werden, formulieren die Bevölkerungsexperten plakativ.

Das Deutsche Institut für Wirtschaftsforschung hat nach den „Ursachen der Diskrepanz zwischen Kinderwunsch und Kinderzahl" gesucht. Die DIW-Studie hebt hervor, dass es für Männer äußerst wichtig ist, über ein stabiles Einkommen zu verfügen, bevor sie Vater werden. Wer sich von einer befristen Stelle zur nächsten hangelt, den verlässt der Mut zur Familiengründung. Eine erfolgreiche politische Gegenstrategie müsse Unsicherheit reduzieren, folgern die Wissenschaftler, und empfehlen, Arbeitgeber sollten es „mit Zeitverträgen nicht übertreiben". Das erinnert in seiner Beliebigkeit an kirchliche Stellungnahmen, die angesichts niedriger Geburtenraten die „totale Ökonomisierung des Lebens" geißeln. Oder es lässt an den früheren Bundesminister Otto Schily denken, der einst eine „Wertedebatte" gegen „egoistische und lebensfeindliche Tendenzen" forderte. Schön, dass da mal der Antroposoph unter der Fassade des strengen Innenpolitikers aufschien. Aber seit wann hören Personalleiter auf moralische Appelle?

Den „Partner", den Frauen in den Umfragen vermissen, verunsichert eine doppelte weibliche Erwartung. Der potentielle Vater soll die finanzielle Grundversorgung der Familie sicherstellen, aber auch die Partnerin bei deren beruflichem Fortkommen unterstützen. Die Unternehmen erwarten von ihren männlichen Angestellten, dass diese sich uneingeschränkt ihrem Beruf verpflichten. Zugleich aber werden sie gefordert, im Privaten mehr Fürsorgeaufgaben zu übernehmen als in den seligen Zeiten der Hausfrauenehe. Das finden manche Männer offenbar so „anstrengend", dass sie sich ganz gegen Nachwuchs entscheiden.

Demografischer Alarmismus verunsichert und trägt mit Sicherheit nicht dazu bei, dass sich mehr Deutsche mutig für Kinder entscheiden. Nicht nur, dass die drängelnden Gebärappelle dem Thema Nachwuchs den letzten Rest von Sexyness nehmen. Zu kurz kommt schlicht, welche Hindernisse junge Paare quer durch alle Schichten davon abhalten, eine Familie zu gründen: Die Rahmenbedingungen hier zu Lande sehen die Kombination von Kinderkriegen und Berufstätigkeit für beide Geschlechter einfach nicht vor. Die Stichworte sind bekannt: Halbtagsschule, unzureichende Versorgung mit Hort- und Krippenplätzen, steuerliche, versicherungstechnische und arbeitsmarktpolitische Förderung des Hausfrauenmodells. Das alles kombiniert mit prekärer Beschäftigung gerade in jener Generation, die im besten gebärfähigen Alter ist. Wer will jungen Frauen und Männern da verübeln, dass sie vor Risiken zurückschrecken?

An skandinavischen Vorbildern orientierten Initiativen wie das Elterngeld sind lobenswert. Aber finanzielle Belohnungen steigern keineswegs automatisch die Geburtenrate. In der unzureichenden öffentlichen Infrastruktur rächt sich die alte deutsche Tradition der Innerlichkeit, die Familie als Privatangelegenheit betrachtet – und nicht als Aufgabe eines aufgeklärten Staates wie in Frankreich, wo deutlich mehr Nachwuchs geboren wird. „Kinder kriegen die Leute immer" hat der damalige Bundeskanzler Konrad Adenauer auf dem Höhepunkt des Babybooms Anfang der sechziger Jahre behauptet. Familienpolitik war in Deutschland lange Zeit „Gedöns", ein nachrangiges Politikfeld. Wie aus einem Ressort unter „ferner liefen" ein Thema werden konnte, das Wahlen mit entscheidet, schildert das nächste Kapitel.

Väter und Töchter: Der erste Mann in ihrem Leben

„Es ist ein Mädchen!" Was in manchen Königsfamilien bis heute einer mittleren Katastrophe gleichkommt, war bei der Geburt meiner Tochter fast ein Grund zur Erleichterung – und Ausdruck einer zwiespältigen Haltung zum eigenen Geschlecht. Wollte ich wirklich einen „kleinen Helden in Not" groß ziehen, mich auf ein Neues mit dem verunsicherten Jungen konfrontieren, der ich selbst einmal gewesen war? Ein „süßes kleines Mädchen" schien da allemal einfacher.

„Seien Sie froh!" sekundierte ein paar Wochen später eine Kollegin und Mutter zweier Töchter. Sie prophezeite mir eine entspannte Zukunft: Im Bekanntenkreis habe sie mehrfach mitbekommen, wie kompliziert der männliche Nachwuchs sei. Mädchen, so ihre These, seien einfach pflegeleichter: Sie beginnen schon früh mit Rollenspielen, üben sich in sozialer Kompetenz, setzen sich auseinander, statt sich zurückzuziehen. Und: „Wollen Sie jeden Sonntagmorgen zum Auswärtsspiel der E-Jugend fahren und zwei Stunden am Spielfeldrand frieren?"

Mmh. Ich fand das gar keine so schlechte Idee – wenn man vom frühen Aufstehen einmal absieht. Schließlich habe ich selbst meine ganze Kindheit und Jugend durchgekickt – und kann bis heute nicht davon lassen, obwohl der Altherren-Fußball in der Halle auf die Knochen geht. Ein paar Häuser weiter beobachte ich manchmal Paul und Max, sechs und vier Jahre alt. Da stehen Tore mit Netz, ein Meter breit, 50 Zentimeter hoch. „Ich bin Lukas Podolski" schreit Max und tritt mal wieder über den Ball. Mit meiner Tochter habe ich natürlich auch „trainiert". Aktiv gegen die geschlechtsspezifische Sozialisation. Aber die richtige Begeisterung hat sich nie eingestellt. Als der Sportverein dringend Mädchen für seine Fußballgruppe suchte, konnte ich sie nicht überreden.

Stattdessen habe ich viel Zeit auf Reiterhöfen verbracht. Pferde sind in der Großstadt genauso weit weg wie die Bolzplätze der gegnerischen Mannschaften. Bisweilen war ich Chauffeur für drei oder vier Freundinnen, auf dem Rückweg stank das ganze Auto nach Mist. Anfangs guckte ich noch interessiert zu, nach ein paar Monaten aber kam (bei mir) Langeweile auf. Ich setzte mich in den Wagen, las Zeitungen und hörte die Bundesliga-Konferenzschaltung.

„Es wurde ein Mädchen, und ich begriff rasch, dass ich zum Doppeldilettanten geworden war", schreibt der Berliner Psychologe Herbert Beckmann in seinem Buch „Töchterväter": „Ich hatte nicht nur keine Ahnung vom Vatersein, sondern auch keinen Schimmer davon, was es heißen würde, Vater einer Tochter zu sein." Für Unsicherheit sorgt nicht nur der eigene Anspruch, sich als engagierter Papa von traditionellen Geschlechterrollen distanzieren zu wollen. Töchterväter erleben zudem, wie das eigene Kind in eine weibliche Welt hineinwächst – in eine Welt, deren feine Nuancen und Spielregeln Männer nicht kennen, die für sie einst keine hoffnungsvolle Zukunft war. Sie müssen sich den Zugang zu dieser Welt mühsam erarbeiten – so entsteht ein Gefühl der Irritation, das bei banalen Kleinigkeiten und in alltäglichen Situationen aufkommen kann.

Im Laufe der Zeit habe ich ein beträchtliches „Mädchen-Wissen" angesammelt. Ich habe Bilderbücher vorgelesen, in denen die Tierväter stets anderswo zu tun hatten: „Es wird dunkel, ich trinke bei meiner Mutter – wir dürfen über Nacht drinnen bleiben." Ich kenne den Film „Schneewittchen" bis in die kleinste Sequenz und kann das Eingangslied von Bibi Blocksberg auswendig. Ich weiß Bescheid über Puppenhäuser und rosafarbene Barbie-Figuren. Doch die Irritation bleibt – nicht nur beim Anblick von Prinzessin Lillifee.

Im Sport habe ich als Junge etwas sehr Wichtiges gelernt, ein Verhaltensmuster, das viele Männer ihr ganzes Leben begleitet: Man kann miteinander wettbewerben, streiten, vielleicht sogar hart kämpfen, ohne sich dabei zu vernichten. Diese Moral des „Fair play", der grundsätzlichen Achtung des Gegners, ist ein gutes Immunsystem gegen „Zickenterror". In Mädchencliquen kann es manchmal keine der anderen recht machen. Erbittert wird um gegenseitige Anerkennung gebuhlt, die Außenseiterin mit abwertenden Sprüchen gemobbt, über Aussehen oder Kleidung der vermeintlichen Konkurrentinnen hergezogen.

Jonas, der Sohn eines Freundes, ist bei den Pfadfindern. Es macht Spaß, ihm zum Geburtstag eine Stirnlampe aus dem Traveller-Laden für Nachtwanderungen zu schenken. Meine Tochter wünscht sich eine „coole Tasche". Da bin ich überfragt, die weibliche Domäne des Shopping überlasse ich gerne ihrer Mutter. Bei der Vater-Tochter-Reise nach London und dem unvermeidbaren „Bummeln" entlang der Schaufenster habe ich die angesagten Läden kennengelernt. Vor der Tür gestanden habe ich, die Musik drinnen war laut und der Inhalt nur mäßig interessant. Für das Designer-Zeug verlangen die übrigens unglaubliche Preise.

Dilettant bin ich schon lange nicht mehr, aber eine gewisse Fremdheit ist geblieben. Schleichend verlagert sie sich auf neue Dinge. Auf die Tampons im Badezimmer oder auf den überfüllten Schminktisch. Auf die Zeitschriften, die im Jugendzimmer herumliegen. In „Glamour" und „Jolie" philosophieren Stars und Starlets über Kosmetik, Kerle und Klamotten. In den Blättern schmökere ich manchmal auf dem Klo. Als „erster Mann in ihrem Leben" muss ich schließlich auf dem Laufenden bleiben.

Abschied vom Gedöns – Familie in der Politik

Wenn Chefredakteure um ihre Freiheit fürchten – Kulturkampf – Deutsche Mütter gegen „Fremdbetreuung" – Zäher Abschied vom Sonderweg

> „Auf die früher verbreitete Ansicht, dass der Rabe sich wenig um seine Jungen kümmert und sie, wenn er sie nicht mehr füttern will, aus dem Nest stößt, beziehen sich Zusammensetzungen wie Rabenmutter (17.Jh.) und Rabenvater (16.Jh.) – Rabenaas „hinterhältiger, gemeiner Mensch"
>
> Duden – Herkunftswörterbuch der deutschen Sprache

Das frisch geborene Baby im Königshaus zu Kopenhagen war noch keine zwei Wochen alt, da hatte Papa Frederik Besseres zu tun. „Kronprinz flieht vor vollen Windeln", schlagzeilten dänische Zeitungen, weil es den Thronfolger nicht bei seiner Familie hielt. Wichtige royale Aufgaben riefen: Der junge Kindsvater eröffnete eine Windmühlen-Konferenz und feierte das hundertjährige Bestehen des dänischen Olympia-Komitees. Das brachte ihm Schelte von Politikerinnen ein. Sie kritisieren ihn als Rabenvater, als schlechtes Vorbild für seine Untertanen. Es sei schwierig genug, Männer für eine Babypause zu gewinnen – und „ärgerlich", dass Frederik da nicht mit gutem Beispiel vorangehe.

Nichts fürchten Väter angeblich mehr als den Wickeltisch. Eine berufliche Auszeit scheint so bedrohlich und riskant wie das Besteigen eines Achttausenders. Männer, die von der „3600-Euro-Peitsche" in die Kinderbetreuung getrieben werden: In dieses für jeden Therapeuten interessante Bild kleidete es *ZDF*-Moderator Claus Kleber, als er im *Heute Journal* die damalige Familienministerin Ursula von der Leyen zu ihrer Idee befragte, ein nettolohnbezogenes Elterngeld von maximal 1800 Euro monatlich einzuführen. Kleber verlor die Fassung und fantasierte von der Peitsche, weil von der Leyen Ungeheuerliches vorgeschlagen hatte: zwei Monate Mindestbeteiligung der Väter! Nutzen diese das Angebot nicht, verfällt ihr Anspruch. Die angebliche „Zwangsverpflichtung" brachte die männlichen Kommentatoren quer durch die Republik mächtig in Rage. Sie witterten staatliche „Bevormundung" und eine „Einmischung" in private Angelegenheiten. Von „Freiheitsberaubung" und „Windelvolontariat" schrieben die Zeitungen – und dokumentierten damit zugleich, welchen Wert sie Tätigkeiten wie Pflege, Erziehung und Fürsorge beimessen. Nordrhein-Westfalens Familienminister Armin Laschet sprach von „Umerziehungsrhetorik aus den siebziger Jahren", Ministerpräsident Jürgen Rüttgers gleich von Verfassungswidrigkeit: Es sei nicht Aufgabe der Politik, „den Menschen zu sagen, wie sie zu leben und ihre Familie zu organisieren haben".

Den aufgeregten Kritikern kam gar nicht erst in den Sinn, dass der sanfte Zwang, sich für ein bestimmtes Modell von Elternschaft zu entscheiden, seit Jahrzehnten wirkt – vor allem durch das von ihnen stets verteidigte (und meist selbst genutzte) Ehegattensplitting. Und zwar in einer finanziellen Größenordnung, die die Kosten der Prämie für die beiden Papamonate bei weitem übertrifft. Das Steuersystem signalisiert jungen Eltern: Heiratet und praktiziert die traditionelle Arbeitsteilung, dann werdet ihr finanziell belohnt! Papa spart kräftig, wenn Mama wenig verdient oder gleich ganz zu Hause bleibt. Rund zwanzig Milliarden Euro kostet diese staatliche Subvention pro Jahr – von denen neun Milliarden Euro an Haushalte ohne Kinder fließen. Neben der beitragsfreien Mitversicherung von nicht erwerbstätigen Ehefrauen in der gesetzlichen Krankenkasse, die weitere acht Milliarden Euro jährlich kostet, bildet das Splitting einen wichtigen Baustein des in Deutschland geschlechtshierarchisch organisierten Sozialstaates. Männer erwirtschaften durch Erwerbsarbeit eigene Versicherungsleistungen, Frauen profitieren von Ansprüchen, die sich aus der Berufstätigkeit ihrer Ehepartner ableiten.

Dieses Prinzip mag vor fünfzig oder sechzig Jahren funktioniert haben, als Konrad Adenauer und sein konservativer Familienminister Franz-Josef Wuermeling auf diese Weise die althergebrachte Arbeitsteilung zwischen Eltern zementierten. Den vielfältigen Lebensentwürfen von heute wird es jedoch nicht mehr gerecht. Erstaunlicherweise sind es vorwiegend Christdemokraten, die eine Debatte darüber anstoßen. Das Elterngeld war noch nicht einmal verabschiedet, da regte ein CDU-Politiker an, die steuerliche Förderung der Ehe zugunsten eines Familiensplittings umzubauen. Der Vorschlag zielte zwar nicht auf eine individuelle Besteuerung beider Partner, wie sie Frauenverbände und Geschlechterforscher seit langem fordern. Er war aber immerhin ein erster Schritt, Gewohntes in Frage zu stellen. Nur wenig später forderte ein CDU-Sozialexperte, die Praxis der so genannten Hinterbliebenenversorgung zu überdenken. Es sei „in diesem Jahrhundert nicht mehr vermittelbar, dass Frauen mit 45 Jahren Anspruch auf die volle Witwenrente haben".

Die Sozialdemokraten reagierten irritiert. Schließlich waren es in der Vergangenheit doch stets die Konservativen gewesen, die Mütter und Gattinnen mittelbar über ihre Männer absichern wollten. Und hatten dieselben Politiker nicht jede Kritik am Ehegattensplitting als Anschlag auf ihr Familienbild betrachtet? Folgte in der Vergangenheit nicht fast automatisch der Hinweis auf angebliche „verfassungsrechtliche Gründe", die eine andere Form der Besteuerung ohnehin ausschließe? Schon deshalb hatte die einstige SPD-Familienministerin Renate Schmidt es nie gewagt, die Begünstigung der Alleinverdienerehe im Steuer- und Sozialrecht – und die damit verbundene Diskriminierung aller anderen Lebensformen – ernsthaft zur Diskussion zu stellen.

Auch Elterngeld und Papamonate waren ursprünglich sozialdemokratisch geprägte Ideen. Sie wurden zwar in Wahlkampfreden propagiert, aber nie praktisch umgesetzt. Die SPD-Frauen schreckten davor zurück, das vermeintliche „heiße Eisen" anzupacken, weil sie die Traditionsmänner in den eigenen Reihen fürchteten. Nach der Bildung der großen Koalition 2005 musste Ministerin Schmidt gehen; das Familienressort wurde ohne großen Widerstand einer „konservativen Feministin" (Selbstlob von der Leyen) überlassen. Aus sozialdemokratischer Sicht entpuppte sich das in der Rückschau als schwerer strategischer Fehler.

Denn im Umfeld der Debatte um sinkende Geburtenzahlen und den Ausbau der Kinderbetreuung passierte, was sich schon unter Rot-Grün abgezeichnet hatte: Familie entwickelte sich zum Gegenstand eines unübersichtlichen Kulturkampfes mit wechselnden Fronten. Dass bei Politikern oder Chefredakteuren die Alarmglocken klingen, sobald die großzügige staatliche Subventionierung ihres eigenen Lebensentwurfes gefährdet scheint, liegt nahe. Eine Vollzeit-Hausfrau im Rücken, von der sie bei passender Gelegenheit ritterlich als „Familienmanagerin" schwärmen, wollen die Herren nicht einfach mit ansehen, wie ihr persönliches Rollenmodell gesellschaftlich an Boden verliert. Die Leitartikel, die den Verlust der „Wahlfreiheit" beklagen, werden von Männern geschrieben, die ihre Kinder nie vom Hort abholen und auch höchst selten ins Bett bringen. In Wahrheit verteidigen sie die üppigen materiellen Privilegien der Versorgerehe.

Konnte man das als einen erwartbaren Reflex des traditionsorientierten deutschen Hausvaters abtun, so erstaunten manche Proteste auf der anderen Seite des politischen Spektrums. Ob es um Elterngeld oder Witwenrente ging, stets ging ein Aufschrei durch Oppositionsparteien und Sozialverbände. Die Linkspartei witterte eine Subventionierung der Mittelschichten und eine „gigantische Umverteilung von Arm nach Reich". Auch die Grünen monierten fehlende Verteilungsgerechtigkeit, polemisierten gar gegen eine „Familienpolitik für Kinder mit Chauffeur". Widersprüchlich reagierte der Deutsche Gewerkschaftsbund, der zwar Elterngeld und zusätzliche Krippenplätze befürwortete, die Kritik an der Witwenversorgung aber zurückwies: Hier etwas zu ändern, sei der „Versuch, auf Kosten der Betroffenen Geld zu sparen", monierten die DGB-Sozialexperten.

Den Abbau sozialer Leistungen anzuprangern, ist häufig sinnvoll und wichtig. In manchen Fällen kann solche Kritik dennoch zugleich Ausdruck von geschlechterpolitischer Blindheit sein. So ist der Einwand, nach Ende der auf ein Jahr begrenzten Elternzeit fehle es an Kinderbetreuungsangeboten, selbstverständlich berechtigt. Es hat eine lange Tradition in der deutschen Familienpolitik, die öffentliche Erziehung zu vernachlässigen und sich stattdessen auf private Finanztransfers zu konzentrieren. Macht es aber Sinn, Mütter über Jahre an staatliche Zahlungen zu binden, eine Spirale der beruflichen Dequalifizierung in Gang zu setzen, statt sie zur Erwerbstätigkeit zu ermuntern? Warum sollten Sozialpolitiker die „Frauenfalle Erziehungsurlaub", die Feministinnen Jahrzehnte lang kritisiert haben, verteidigen?

Geschlechterpolitisch betrachtet enthält das Elterngeld auf Nettolohnbasis ein wichtiges emanzipatorisches Element: Das Männerargument „Ich verdiene einfach mehr" (oder auch das Frauenargument „Mein Mann verdient einfach mehr") verliert an Wirkung. Viele Väter können sich jetzt für eine Babypause entscheiden, ohne sich ernsthafte finanzielle Sorgen um ihre Familie machen zu müssen. Während sie Brei füttern oder Windeln wechseln, holen sie auch noch richtig Geld rein! Für ihr Selbstverständnis ist das ein riesiger Unterschied zu den früheren Regelungen. In der Sprache der Wissenschaft ausgedrückt: Die „Retraditionalisierung" von Familien- und Paarstrukturen nach der Geburt eines Kindes wird durch die Zahlung einer Lohnersatzleistung abgeschwächt.

Zwei Papamonate revolutionieren sicher nicht die Arbeitsteilung zwischen Männern und Frauen. Das Elterngeld macht interessierten Vätern aber erstmals ein annehmbares Angebot für familiäres Engagement. Der männliche Anteil hat an den Elterngeldbeziehern hat sich vervielfacht. Über 20 Prozent der Väter nutzen inzwischen die bezahlte Babypause. Und die Erfahrungen aus den nordischen Ländern zeigen, dass diese Quote noch deutlicher steigerbar ist.

Wie Gesetze zu Verhaltensänderungen führen können, belegt eindrucksvoll das Beispiel Island: Dort nehmen fast 90 Prozent der jungen Väter für drei Monate eine bezahlte Auszeit. Auf der Insel im Nordatlantik ist die insgesamt neunmonatige Babypause in verschiedene Phasen aufteilt. Drei Monate stehen der Frau, drei Monate dem Mann zu; über die restlichen drei Monate können die Eltern beliebig verfügen. Väter lassen sich im Schnitt 90 Tage und Mütter rund 180 Tage frei stellen; die weiter bestehende Differenz zwischen Männern und Frauen hängt damit zusammen, dass die isländischen Mütter ihre Säuglinge rund ein halbes Jahr stillen und in dieser Zeit zu Hause bleiben. Danach aber gehen neun von zehn Vätern für immerhin ein Vierteljahr in Elternzeit.

Nach Befragungen von Wissenschaftlern in einem Forschungsprojekt der Europäischen Union befürworten drei Viertel der isländischen Arbeitgeber den befristeten Ausstieg der Männer. Vor allem diese Zahl macht die kulturellen Unterschiede zwischen Deutschland und den nordischen Staaten deutlich: Gesetzliche Papamonate werden dort eben nicht als „Windelvolontariat" diffamiert oder als „staatliche Bevormundung" abgelehnt. Vielmehr herrscht ein gesellschaftlicher Konsens darüber, dass auch Männer Erziehungsaufgaben verbindlich übernehmen sollen – und dieser Konsens schließt auch die Mehrheit der Entscheider in den Unternehmen ein.

Das deutsche Elterngeld ist auf 1800 Euro begrenzt. Es knüpft damit an das bereits vorher mögliche „budgetierte" Erziehungsgeld an, bei dem eine höhere Unterstützung mit einer kürzeren Laufzeit kombiniert wurde. Schon dieses Angebot signalisierte den Abschied vom „Drei-Phasen-Modell", mit dem Müttern während der Amtszeit der CDU-Familienministerin Rita Süßmuth in den achtziger Jahren der zeitweise Ausstieg schmackhaft gemacht wurde. Berufsorientierte Frauen (und Männer sowieso) können sich heute noch weniger als damals erlauben, über längere Zeiträume in ihrem Job zu pausieren. Viel zu schnell verfallen mühsam erworbene Qualifikationen, viel zu häufig sind Arbeitsplätze bei zu später Rückkehr längst gestrichen oder von anderen besetzt.

So betrachtet ist das Elterngeld keineswegs „ungerecht". Der Vorwurf ignoriert die geschlechterpolitischen Effekte der Idee. Nur wenn es für Männer attraktiver wird, private Erziehungsarbeit zu übernehmen, geht es mit der beruflichen Gleichstellung von Frauen voran. Nur wenn Personalchefs zumindest theoretisch damit rechnen müssen, dass auch Väter wie Mütter zu „unsicheren Kantonisten" werden, kann sich an der von männlichen Familienernährern und von Kinderlosen beiderlei Geschlechts geprägten Vielarbeiterkultur in den Betrieben etwas ändern.

Vielleicht wird die einkommensabhängige Unterstützung während der Babypause tatsächlich gut verdienende Akademikerinnen motivieren, sich für Kinder zu entscheiden. Doppelkarriere-Paaren mag es eher gelingen, die finanziellen Ausfälle nach der Familiengründung wenigstens für ein Jahr auszugleichen, weil jetzt deutlich mehr als ein Taschengeld gezahlt wird. Doch im Kern geht es nicht um höhere Geburtenzahlen, sondern darum, Väter durch finanzielle Anreize zu ungewöhnlichen Rollenexperimenten zu ermuntern – so wie umgekehrt die Splittingbesteuerung seit Jahrzehnten das herkömmliche Allein- oder Hauptverdienermodell fördert.

Als Ursula von der Leyen die Papamonate damit begründete, dass Männer „Respekt vor der Erziehungsarbeit" bekommen sollten, erinnerte das an überholte Klischees von den uneinsichtigen, faulen Drückebergern – und stieß nicht nur altväterlichen Meinungsmachern bitter auf. Doch die brüske Ablehnung des Elterngeldes durch die Linkspartei, in die auch Vertreter der Grünen und der Wohlfahrtsverbände einstimmten, machte deutlich, wie wenig verankert eine emanzipatorische Geschlechterpolitik in diesem Umfeld ist. Es reicht eben nicht aus, sich als Ein-Punkt-Bewegung gegen Sozialkürzungen einzusetzen. Wer die angeblichen Nebenwidersprüche ignoriert, landet dort, wo er hingehört: in einer großen Männer-Koalition.

Die Verteidigung patriarchaler Regularien ertönt immer dann besonders lautstark und parteiübergreifend, wenn Änderungsvorschläge mit finanziellen Nachteilen für traditionell lebende Paare verbunden sind. Deshalb lässt sich auch die anderswo längst selbstverständliche Individualbesteuerung bisher nicht durchsetzen. Das Ehegattensplitting stützt unter dem Deckmantel der „Familienförderung" die alte Bereichsteilung von Arbeitsmann und Familienfrau. Rechnet man das Elterngeld von 300 Euro hinzu, das auch Vollzeit-Mütter erhalten, kommen insgesamt bis zu 1000 Euro pro Monat staatliche Subvention für das Zuhausebleiben zusammen. Die frühere rotgrüne Regierung diskutierte zu Beginn ihrer zweiten Amtszeit zumindest eine „Kappung" dieses Steuervorteils für traditionell lebende Ehepaare – wenn auch nicht aus Einsicht, sondern um zusätzliches Geld einzunehmen. Innerhalb weniger Wochen verschwand der Vorschlag damals wieder in den Schubladen – auch wegen eines Medienechos, das noch katastrophaler ausfiel als später bei den Themen Elterngeld und Kinderbetreuung. Werfen wir einen kurzen Blick zurück.

In einem Leserbrief an die *Süddeutsche Zeitung* hielt damals „Dr. Paul Fischer" ein flammendes Plädoyer gegen jede Änderung beim Splitting – und gegen die weibliche Erwerbstätigkeit. Wörtlich vermutete er, dass es „Rot-Grün darum geht, möglichst alle Haus- und Familienfrauen am Kindeswohl vorbei mit den Segnungen der freien Wirtschaft zu beglücken". „Den Grünen ging es bei ihrem missionarischen Kreuzzug gegen das Ehegattensplitting noch nie ums Geld", giftete die *Rheinische Post*: „Sie wollen anderen Menschen, in diesem Fall Müttern, ihr bindungsloses Lebensideal aufzwingen. Die Grünen sprechen ein Misstrauensvotum aus gegen die private Erziehung von Kindern. Sie finden es besser, wenn der Staat das macht. Was die Grünen da wollen, ist einen ordentlichen 'Aufstand der Anständigen' allemal wert." Der Aufmacher auf der ersten Seite erschien mit der Schlagzeile „Splitting – Kampf um die Familie". Darunter abgebildet waren zwei kleine Fußabdrücke am Strand, mit der pathetischen Bildunterschrift: „Kinder werden auf kaltem steuerpolitischem Wege als Privatrisiko definiert. Das Modell Familie – vom Verschwinden bedroht wie eine Fußspur im Sand?"

Noch drastischer fielen die Reaktionen aus, als die Bundesregierung ankündigte, eine verlässliche Betreuung auch für Kinder unter drei Jahren aufbauen zu wollen – wie sie in den meisten Nachbarländern längst selbstverständlich ist. Ein sächsischer Minister fühlte sich gleich an die DDR erinnert, ein Augsburger Bischof warnte vor weiblichen „Gebärmaschinen". Mächtige Feuilletonisten trommeln beharrlich für die natürliche Bestimmung der Frau. Sie berufen sich auf ihnen genehme Ergebnisse aus Psychologie und Verhaltensbiologie, die belegen sollen, dass Kinder in den ersten Lebensjahren unbedingt zu Mama gehören – sonst drohen angeblich neurotische Defekte.

Es sind ganz überwiegend Männer, die den Kulturkampf um die heilige Familie führen. Zu ihnen gehören nicht nur die üblichen Verdächtigen in der CSU oder in der katholischen Kirche, sondern auch Intellektuelle wie der Verfassungsrichter Udo Di Fabio. Der verschachtelt sein rückwärts gewandtes Weltbild gerne in komplizierten Denkgebäuden – etwa, wenn er sich nach dem „Eros des Versprechens lebenslanger Bindung" zurücksehnt. Deutlicher wird der Philosoph und Medienwissenschaftler Norbert Bolz, der betont, dass er zwar mit Adorno und der Frankfurter Schule groß geworden sei, danach aber seine Angst vor dem Konservativsein langsam überwunden habe. Inzwischen vierfacher Vater, hat der männliche Alleinernährer ein Traktat über „Die Helden der Familie" veröffentlicht. Schon im Vorwort legt Bolz demonstrativ offen, dass seine Gattin von Beruf überzeugte „Hausfrau" sei. Vehement streitet er für Kleinfamilie und traditionelle Arbeitsteilung, gegen weibliche Erwerbsarbeit und zu viel öffentliche Kinderbetreuung. Ein besonderer Dorn im Auge ist Bolz der Feminismus, der Frauen anfällig gemacht habe für „monetäre Anerkennung".

Niemand hat die hinter solchen Polemiken steckenden Irritationen treffender beschrieben als Warnfried Dettling. Der Berliner Publizist, der unter Heiner Geißler einst versucht hat, die CDU zu modernisieren, analysiert die Probleme der Christdemokraten, bei jungen städtischen Wählerinnen Erfolg zu haben: „Die Familienpolitik ist ja nur der Anlass und Auslöser, nicht aber die Ursache für die Kulturkämpfe, die mancherorts ausgerufen werden. Sie haben ihren Grund nicht in den wirklichen Verhältnissen: in fast keinem Land der Welt fließt, direkt oder indirekt, so viel öffentliches Geld in die traditionelle Hausfrauen- und Versorgerehe wie in Deutschland." Angezettelt werden diese Kulturkämpfe von den „Modernisierungsverlierer in den feinen Etagen", die Dettling so charakterisiert: „Männer im besten Alter und mit größtem Erfolg, die in einem modernen Ambiente leben und arbeiten, mehr der Welt als der Kirchenfrömmigkeit huldigen, regelmäßig Leitartikel schreiben, dabei zu vielen Dingen ganz aufgeklärte Ansichten vertreten, bei einem Thema freilich zuverlässig ausrasten auf eine Weise, die man bei klugen Köpfen nicht für möglich gehalten hätte."

Dieses „eine Thema" ist die Familie. Claus Klebers Domina-Fantasien im ZDF-Gespräch mit Ursula von der Leyen sind ein typisches Beispiel für einen solchen Ausraster. In der Familienpolitik geht es um mächtige, archaische Bilder. Erziehung und Fürsorge vorrangig als private und nicht als staatlichen Aufgaben zu betrachten, ist in Deutschland Allgemeinplatz und keineswegs das Ergebnis böswilliger Manipulation durch eine Altherrenriege rückwärts gewandter Chefredakteure und Moderatoren. Diese wissen, welchen Ärger mit großen Teilen ihrer Zielgruppe sie sich einhandeln, wenn sie die einseitigen Regularien des deutschen Sozialstaats oder das Ehegattensplitting zur Diskussion stellen.

Es sind keine Minderheiten in der Gesellschaft, die sich in der finanziellen Belohnung ihrer althergebrachten Rollenentwürfe eingerichtet haben. Über Jahrzehnte wurden diese Vorrechte kaum hinterfragt. „Wer Familienpolitik betreibt, muss aufpassen, dass er über seinen Planungen am Reißbrett nicht die Lebensgefühle und Seelenlage der Betroffenen aus dem Auge verliert", warnt *Zeit*-Autor Robert Leicht, um dann in Sachen Splitting von sich auf andere zu schließen: „Was auf dem Papier so schön klingt, würde zu einem Aufstand vieler Ehepaare führen." Es sei eine „Kränkung", wenn die traditionelle Arbeitsteilung zwischen den Geschlechtern als „Auslaufmodell" betrachtet und „schärfer besteuert" werde.

Ähnlich argumentieren Bolz und Di Fabio, die die Familie als einen Ort der Geborgenheit (selbstverständlich mit fürsorgender Frau zu Hause) beschwören. „Wer als Mann geschickt auf dem Klavier der Muttersehnsüchte und -ängste zu spielen versteht, kann vielleicht sogar ganz nebenbei die alte Hausarbeitsordnung wieder salonfähig machen", kommentiert Ulrich Beck in der *Neuen Zürcher Zeitung* süffisant: „Kindergartenzeiten etwa, die die Berufstätigkeit von Frauen erschweren, sind beides: ein Hebelchen zur Bekämpfung von Arbeitslosigkeit und eine Maßnahme, um doch noch die eigenen Hemden gebügelt zu bekommen."

Sinkende Geburtenzahlen und die offensichtlichen Probleme junger Eltern, Beruf und Kinder unter einen Hut zu bekommen, haben die Familienpolitik ins Zentrum der gesellschaftlichen Auseinandersetzung gerückt. Familie sei eine „Chiffre für das große Versprechen des 21. Jahrhunderts", formuliert Politikberater Dettling, „sozialen Zusammenhang und Entfaltung der Person, Hingabe und Emanzipation, Freiheit und Verantwortung besser zu verbinden als dies in früheren Zeiten gelungen ist". Das „Gedöns", über das Ex-Kanzler Gerhard Schröder einst gespottet hatte, hat sich in ein zukunftsweisendes Politikfeld verwandelt, das Wahlen mit entscheiden kann. Erst seit Beginn des neuen Jahrtausends ist der deutsche Sonderweg der Halbtagsversorgung in Kindergarten und Schule überhaupt als solcher erkannt und die Misere der öffentlichen Betreuung offensichtlich geworden. Auch christdemokratische Politiker sind heute nicht mehr automatisch gegen Kinderkrippen oder Ganztagsschulen.

Für Herrn Dr. Fischer aus Augsburg oder für die Leser der *Rheinischen Post* ist das ein echtes Horrorszenario: Sie würden wahrscheinlich von „Verwahranstalten" oder von „Fremdbetreuung" sprechen. Wieso sind Erzieherinnen und Tagesmütter, die mit den ihnen anvertrauten Kindern viele Stunden täglich verbringen, „Fremde"? Hier wirkt der Mythos der „deutschen Mutter" nach, den die Literaturwissenschaftlerin Barbara Vinken in ihrem gleichnamigen Buch treffend beschrieben hat. Ein kulturelles Leitbild aus der Zeit des Biedermeier hat hier zu Lande überdauert: die Familie als Gegenidylle zur Öffentlichkeit. Mütter sorgen für eine heile Innenwelt, die schützt gegen die böse Außenwelt. Entsprechend ist Mama nur dann die Beste, wenn sie ihr Kind auf keinen Fall „früh weggibt". Die Kleinen gehören zur stets präsenten Mutter, mindestens ein Jahr lang, besser drei und am besten für immer. Jenen Frauen, die schnell wieder in den Beruf zurückkehren wollen, machen Verwandte, Freundinnen oder einschlägige Experten ein schlechtes Gewissen. Nicht nur die Schwiegereltern, auch manche Psychologen und Kinderärzte bestärken sie in dem (durch die Ergebnisse der Bindungsforschung längst widerlegten) Glauben, sie seien „Rabenmütter", die ein „Schlüsselkind" schutzlos in die raue Welt hinausschicken.

„Geben Sie Ihr Kind nicht in die Krippe" riet die *Bild*-Zeitung nach dem Amoklauf eines Schülers. Betreuungsmodelle außerhalb der Familie müssen hierzulande für platteste Ursachenforschung herhalten, auf jeden Fall gelten sie als zweite Wahl. Nirgendwo werden Frauen so stark unter Druck gesetzt, ihren Nachwuchs ganztägig selbst zu versorgen. „Die Mutterideologie braucht immer wieder Legitimation", spitzt Wassilios Fthenakis zu: Nicht das Kind brauche die Mutter, „sondern nicht selten die Mutter das Kind", um ihr Zuhausebleiben zu legitimieren. Der Familienforscher beschreibt eine keineswegs untypische Abschiedsszene: „Die Mutter sagt etwa: Ach, mein Schatz, in drei Stunden hole ich dich ja schon wieder ab, es dauert gar nicht lange, mach dir keine Sorgen. Und sie drückt das Kind dreimal und lässt es ungern gehen. Sie bekommt ihre emotionale Versorgung über das Kind."

Selbstverständlich brauchen Kinder ihre Eltern, aber sie brauchen sie eben nicht immer. Damit Familie gut funktioniert, benötigen die einzelnen Familienmitglieder Zeit füreinander, sie sollten aber die richtige Mischung aus Nähe und Distanz finden. In der Säuglingszeit ist es eine wunderbare Erfahrung, wenn junge Eltern gemeinsam viel Muße haben, sich intensiv um ihren Nachwuchs zu kümmern und sich an die neue Situation zu gewöhnen – ein Privileg, dass gerade den Vätern meist nicht vergönnt ist. Später, ob im Kindergartenalter, in der Grundschule oder in der Pubertät, müssen beruflich stark engagierte Eltern ihre Familienzeiten gegen die Ansprüche einer übergriffigen Arbeitswelt verteidigen. Zugleich aber wollen ihre Kinder, je älter sie werden, immer stärker eigene Wege gehen. Gute öffentliche Angebote sind dabei eine notwendige Bedingung, die ein ausgewogenes Familienleben in Balance erst ermöglicht. Es geht nicht darum, den Nachwuchs möglichst perfekt wegzuorganisieren, sondern individuell zugeschnittene Lösungen und Lebensmodelle zu unterstützen. Warum sollte es zum Beispiel nicht machbar sein, die öffentliche Betreuung an bestimmten Tagen erst am Nachmittag, dafür aber bis in den Abend hinein zu nutzen? Der alte deutsche Kindergarten, deren Kernöffnungszeit vor dem Mittagessen endete und Müttern meist nicht einmal eine Teilzeitarbeit gestattete, ist solchen Bedürfnissen nie gerecht geworden.

Die miserablen Ergebnisse der Pisa-Studie haben die Politiker ein bisschen wach gerüttelt. Im internationalen Vergleich hinkt Deutschland gerade in der Frühpädagogik hinterher. Die Berichte über misshandelte und verwahrloste Kinder machen überdeutlich, dass Erziehung eben keine rein private Angelegenheit, sondern auch eine staatliche Aufgabe ist. Als Konsequenz sollen sich Kindergärten als „Familienzentren" verstehen, die auch die Eltern mit Beratungs- und Hilfsangeboten unterstützen. Die Ausbildung der Mitarbeiterinnen in Tagesstätten wird auf Fachhochschulniveau angehoben und damit akademisiert. Spielkindergärten – die durchaus ihre Berechtigung haben! – sollen sich zu Bildungseinrichtungen wandeln. Zu hoffen ist, dass der Beruf der ErzieherIn dann auch besser bezahlt, damit aufgewertet und für männliche Fachkräfte attraktiver wird.

Was also tut sich insgesamt in der Familienpolitik? Sie bietet ein widersprüchliches Bild und kollidiert an vielen Punkten mit den heutigen Lebensweisen. Einerseits will der Staat die Vereinbarkeit von Kind und Karriere unterstützen; andererseits sind viele Förderinstrumente weiterhin auf das männliche Ernährermodell ausgerichtet. Die Auseinandersetzung um Elterngeld und Krippenplätze war nur der Auftakt einer Diskussion, die auch andere sozial- und familienpolitischen Leistungen auf ihre Wirksamkeit hin testet. Die Abschaffung oder Umwandlung der Splittingbesteuerung ist inzwischen immerhin diskussionsfähig geworden. Die Witwenrente sowie die kostenlose Krankenversicherung von Hausfrauen und Geringverdienerinnen dürften langfristig ebenfalls auf dem Prüfstand landen – schon deshalb, weil sie die klammen Sozialkassen viel Geld kosten.

Der Abschied vom deutschen Sonderweg gestaltet sich zäh. Die Betreuung von Kindern unter drei Jahren bleibt vor allem in den westlichen Bundesländern rückständig und mangelhaft. Einen freien Platz zu bekommen, gilt als zufällig gewährte Gnade, nicht als selbstverständlich beanspruchte Dienstleistung. Die Programme zur Übermittagbetreuung sind ein erster Schritt, aber vielerorts Flickschusterei. Die so genannten offenen Ganztagsangebote haben sich zumindest in den Grundschulen etabliert. Ihr Besuch ist aber freiwillig und für die Eltern mit zusätzlichen finanziellen Belastungen verbunden.

Ein echter Systemwechsel, der eine durchgehende öffentliche Versorgung auch während der Schulferien auf hohem Qualitätsniveau garantiert, ist bisher nicht in Sicht. Er würde den Staat auch nicht ein paar Milliarden Euro kosten wie die laufenden Initiativen, sondern eher hundert Milliarden Euro und mehr. Viel Geld, das aber volkswirtschaftlich wie geschlechterpolitisch betrachtet gut angelegt wäre: Die deutschen Ergebnisse im internationalen Bildungsvergleich würden dann mit Sicherheit besser. Und über den Wandel von Männer- und Frauenrollen könnten wir endlich reden, ohne immer gleich automatisch bei der „Vereinbarkeit von Beruf und Familie" zu landen.

„Das Thema Vaterschaft hat einen ganz anderen Stellenwert": Fragen an den Gewerkschafter Werner Sauerborn

Sie haben 1988 den „Väteraufbruch für Kinder" mitbegründet – eine Initiative von Trennungsvätern, die gegen die damalige Praxis des Sorgerechts protestierten. Was hat sich in dieser Frage seither getan?

Ich will nicht behaupten, dass das ausschließlich ein Verdienst des Väteraufbruchs gewesen ist, aber wir haben Anstöße gegeben, die 1998 zu einer Reform des Kindschaftsrechts geführt haben. Damit wurde das gemeinsame Sorgerecht getrennt lebender Eltern etabliert. Und gleichzeitig wurden die nichtehelichen Väter den ehelichen Vätern fast vollständig gleichgestellt – mit einer kleinen, aber wichtigen Ausnahme: Nichteheliche Väter konnten nur mit Zustimmung der Mutter das gemeinsame Sorgerecht bei der Geburt des Kindes erhalten. Wenn in der Phase der Geburt die Beziehung der Eltern bereits gestört war, schauten die Väter weiter in die Röhre: Sie blieben abhängig von der Zustimmung der Mütter.

Trotz aller gesetzlichen Fortschritte machen sich die Trennungsväter im öffentlichen Protest lautstark bemerkbar ...

Viele haben sich anfangs zu weit gehende Hoffnungen gemacht. Die rechtliche Regelung von Trennung und Scheidung löst ja keineswegs das Problem der Trennung auf der persönlichen Ebene zwischen den Partnern. Getrennte Paare müssen ihre Elternschaft neu organisieren. Das ist weiterhin ein sozialer Prozess, bei dem alle Beteiligten Hilfe brauchen im Interesse der Kinder und in ihrem eigenen Interesse.

Viele von denen, die sich über hohe Unterhaltszahlungen beklagen, haben vorher ein sehr traditionelles Familienmodell praktiziert.

Wer früher traditionell gelebt hat, der ist natürlich nachher innerhalb gewisser Grenzen auch dafür verantwortlich, dass seine Partnerin später beruflich im Hintertreffen ist. Der muss natürlich Übergangshilfen leisten, damit sie diesen biografischen Nachteil wieder aufholen kann. Aber das begründet keine lebenslange Unterstützung. Familienarrangements sind in der Regel eine Vereinbarung beider Partner. Beide haben sich darauf verständigt, und man kann nicht am Ende nur einen dafür verantwortlich machen. Und man sollte jedem Mann die Chance geben zu lernen. Krisensituationen wie Krankheit oder Trennung sind immer Zäsuren in einem Leben, die die Möglichkeit enthalten, Dinge neu zu sehen, sich anders zu definieren und einen Neuanfang zu wagen.

Aus dem Väteraufbruch ist Mitte der neunziger Jahre die Väterzeitschrift „Paps" entstanden. Wie kam es dazu?

Meine Vorstellung vom Väteraufbruch war, dass dieser sich nicht nur mit dem Thema Trennung, sondern allgemein mit dem Thema Vaterschaft beschäftigt – im Sinne einer aktiven, dem Kind zugewandten Vaterrolle. Neben dem Kindschaftsrecht sollte es zum Beispiel auch allgemein um die Vereinbarkeit von Beruf und Familie gehen. Der Väteraufbruch sollte eine Plattform sein, die für eine aktive Vaterrolle wirbt. Das hat sich aber letztlich dann doch reduziert auf die Probleme bei Trennung und Scheidung. Das war einfach das Themenfeld, von dem sich die meisten Väter unmittelbar betroffen fühlten – und wo sie bereit waren, sich zu engagieren. Der Väteraufbruch ist dann dabei geblieben, und die Gründung von „Paps" diente eben dazu, die Themen anzusprechen, die vorher zu kurz gekommen waren oder zu kurz kommen mussten.

Die Geschichte von „Paps" ist eine von Höhen und Tiefen. Warum ist es nicht gelungen, eine Väterzeitschrift auf dem Markt zu etablieren – vor allem, wenn man sich anschaut, wie viele Familientitel es gibt?

Da bin ich nach wie vor ein bisschen ratlos. Unsere Erwartung, dieser aufkommenden Bewegung der „neuen Väter" vorneweg zu surfen, hat sich nicht erfüllt. Die Auflagen von „Paps" waren geradezu mal so, dass man das ehrenamtlich noch bewältigen konnte. Wir haben es im Grunde nie geschafft, eine professionelle Zeitung zu werden, die sich wirtschaftlich selber trägt. Wir haben mehrfach den Verlag gewechselt, zum Schluss sind wir unter dem Dach von „Family Media" gelandet. Die haben das Blatt mit großem Engagement auf ein hohes redaktionelles Niveau gebracht. Aber auch dort sind wir nicht über die Schwelle gekommen, mit Werbung das Projekt sich selbst tragend zu machen. Inzwischen ist „Paps" integriert in die Familienzeitschrift „Spielen und Lernen". Meine Vermutung ist, dass Väter in einer intakten Partnerschaft Themen wie „Wie vereinbare ich Familie und Beruf" oder „Wie lebe ich mit meinem Kind zusammen" im Grunde als private Fragen betrachten, die sie auch privat glauben lösen zu können. Die gesellschaftlichen Hürden, die sich da aufbauen, werden von vielen Vätern nicht als ein politisches Thema gesehen, weswegen man in einen Verein geht oder eine Zeitung abonniert.

Sie haben früh, bereits Anfang der neunziger Jahre, in Artikeln und Aufsätzen über Väter geschrieben. Ist das Thema heute öffentlich präsenter als damals?

Mit Sicherheit. Nicht nur das Thema Trennung und Scheidung, das ganze Thema Vaterschaft hat einen ganz anderen Stellenwert. Dass inzwischen CDU-Ministerinnen Gleichstellungspolitik auch im Interesse von Vätern betreiben, ist Ausdruck davon, wie stark sich die gesellschaftlichen Verhältnisse gewandelt haben. In allen Einstellungsuntersuchungen äußern die Beteiligten den Wunsch nach gleichberechtigter Partnerschaft und einer gleich aktiven Rolle von Müttern wie Vätern. Das ist ein Wertewandel, der in den letzten zehn, zwanzig Jahren stattgefunden hat.

Sie haben schon damals vom „patriarchalen Sozialstaat" gesprochen, der Männer und Frauen mit sanftem Druck in eine traditionelle Richtung zwingt. Löst sich das jetzt auf?

Das passiert sehr langsam. Die sozialstaatlichen Strukturen, die an der konventionellen Rollenteilung zwischen Mann und Frau orientiert sind, bestehen weiter fort. Am bedeutsamsten in seinen Wirkungen ist sicher das Ehegattensplitting. Mit dem Elterngeld ist ein großer erster Schritt getan worden, und erstaunlicherweise wird inzwischen auch über das Splitting im Steuerrecht diskutiert. Das sind in der Tat die großen Baustellen, um den patriarchalen Sozialstaat zu überwinden und die politischen Rahmenbedingungen so zu gestalten, dass Partnerschaft und gemeinsame Erziehungsverantwortung erleichtert werden.

Im Hauptberuf sind Sie nicht Väterexperte, sondern Gewerkschaftssekretär im ver.di-Landesbezirk Baden-Württemberg. Gibt es innerhalb der Gewerkschaft eine neue Sicht auf das Väter-Thema?

Ich denke schon. Wenn Gewerkschaften gegen längere Arbeitszeiten kämpfen, geht es immer auch um die Vereinbarkeit von Familie und Beruf. Je kürzer gearbeitet wird, desto besser sind die Chancen dafür! Die Gewerkschaften haben sich in der Vergangenheit vorwiegend aus beschäftigungspolitischen Gründen für kürzere Arbeitszeiten ausgesprochen. Aber es ging immer auch um Emanzipation, um Geschlechterrollen. Im Vordergrund stand dabei die Frauenfrage, die stark verankert ist in den gewerkschaftlichen Institutionen. Das Männerthema ist zwar angekommen, spielt aber eine randständige Rolle. Es ist dennoch immer wieder gelungen, Männer auf ihr eigenes Vereinbarkeitsproblem anzusprechen. Wir haben zum Beispiel eine Kampagne gemacht „Männer gegen länger", die von vielen prominenten Vätern unterstützt worden ist. Aber sicher ist das ein Bereich, wo die Gewerkschaften ihre Möglichkeiten noch nicht ausgeschöpft haben.

Gewerkschaftsfunktionären sagt man nach, sie seien alles andere als Pioniere einer neuen Arbeitskultur: Die Hauptamtlichen in Führungspositionen arbeiten 70 Stunden pro Woche, um die 35-Stunden-Woche für ihre Mitglieder durchzusetzen.

Das stimmt leider, und dieses Argument untergräbt in der Tat ihre Glaubwürdigkeit. Ausgerechnet jene, die kürzere Arbeitszeiten gesellschaftlich durchsetzen sollen, haben wenig eigene Chancen, Beruf und Familie zu vereinbaren. Das führt dazu, dass männliche Gewerkschaftssekretäre meist sehr traditionell leben, und Frauen in der Familienphase ganz selten den Beruf der Gewerkschaftssekretärin ausüben. Eine fatale Situation, die sich ändern muss!

Eine Zukunftsfrage zum Schluss: Wie sieht die Vaterrolle in zehn Jahren aus?

Männer wollen mehr Familienverantwortung übernehmen und dafür mehr Zeit haben. Dieser Wunsch wird auch von ihren Frauen mitgetragen. Auf der anderen Seite gibt es gesellschaftliche Entwicklungen, die das konterkarieren. Die Tendenz geht in Richtung Arbeitszeitverlängerung, und wer mehr als 40 Stunden pro Woche arbeiten muss, kann Beruf und Familie nicht mehr vereinbaren. Die Frage ist offen, welche Entwicklung die stärkere ist und was dann dabei herauskommt. Derzeit müssen die einen übermäßig lange arbeiten und andere müssen sich mit Teilzeitjobs oder prekären Verhältnissen begnügen. Die Quintessenz wäre die „kurze Vollzeit für alle": Eine schöne Utopie für Partnerschaften mit zwei Verdienern, die sich vielleicht auch mit einem Teillohnausgleich bei kürzeren Arbeitszeiten abfinden können. Was aber ist mit anderen Lebenssituationen, mit Singles oder Alleinerziehenden, die auf ein eigenes ausreichendes Einkommen angewiesen sind? Da brauchen wir entsprechend differenzierte Lösungen.

Alles im Lot? – Beruflicher Erfolg, intakte Familie und harmonische Partnerschaft

Den Weg des Partners respektieren – Gegenseitige Unterstützung und Kompromisse – Väter und Kinder in der Pubertät – Kurze Vollzeit für alle – Eine neue Basis gemeinsamer Balance

> „In den ersten Jahren waren es unsere Frauen, die dafür sorgten, dass die Verbindung nicht abriss. Wir Männer gehörten als Familienväter dazu, aber wir stellten uns wechselseitig noch wenig persönliche Fragen, blieben lieber bei unseren Berufen."
>
> Dieter Lattmann, Einigkeit der Einzelgänger

Wir kehren zurück zur Geschichte von Max und Sandra. Fast zehn Jahre sind vergangen, und alles ist anders gelaufen als vor der Familiengründung geplant. Als die Kinder klein waren, hatte sich Sandra gegen eine spannende Stelle und für ihre Familie entschieden. Max machte Karriere in seiner Firma und zahlte dafür einen persönlichen Preis in seinem Privatleben. Wegen der vielen Überstunden, der beruflichen Reisen und der häufigen Verpflichtungen auch am Wochenende war er zu Hause lange wenig präsent. Trotzdem hat er sich stets bemüht, den Kontakt zu seinen Kindern nicht zu verlieren. Jetzt, wo Leon und Mara älter geworden sind, erscheint ihm das wichtiger denn je.

Anstrengend fand er die lange Zeit mit einer unzufriedenen Frau. Sandra hat ihm übel genommen und nachgetragen, dass er ihr damals eine „einmalige Chance", wie sie das bis heute nennt, verwehrt hat. Verdammt, was hätte er denn machen sollen? Auch mit einer vollen Stelle hätte sie doch immer noch deutlich weniger verdient als er. Max hat nicht geahnt, wie sehr ihr beruflicher Verzicht sie beschäftigen würde. Sandra wollte sich nie damit zufrieden geben, Hausfrau und Mutter zu sein, auch die Rolle der „Hinzuverdienerin" spielte sie eher widerwillig. Manchmal war es ihm regelrecht peinlich, wie wenig sie mitreden konnte auf den Parties mit seinen Kollegen. „Und was machen Sie so beruflich?" Die Antwort „Ich bin die Managerin eines erfolgreichen kleinen Familienunternehmens" war beim dritten Mal auch nicht mehr lustig.

Besser wurde es mit Sandras Therapie. Anfangs hat ihn das wenig begeistert – erst recht nicht, als er zu einzelnen Sitzungen „vorgeladen" wurde, wie er das im ersten Ärger formuliert hat. Aber dann hat Max gemerkt, wie gut ihr das tut. Sandra ist sich darüber klar geworden, was sie kann und will. Welche Möglichkeiten sie hat in ihrer Partnerschaft, und wo sie in der Vergangenheit Kompromisse eingehen musste. Es war damals nicht nur seine, sondern auch ihre gemeinsame Entscheidung, der sicheren Versorgung der Familie Vorrang zu geben. Im Rückblick sind sich beide einig: Es geht darum, den Weg des anderen zu respektieren.

Das gilt allerdings auch für Max. Gerade jetzt, wo es für ihn im Unternehmen nicht mehr so steil aufwärts geht, braucht Sandra seine Unterstützung und Hilfe. Und seine Kompromissbereitschaft. Seit ein paar Monaten macht sie eine aufwändige Fortbildung, ist manchmal eine ganze Woche lang unterwegs, dazu kommen gelegentliche Blockwochenenden. Er hat zwar seine Stelle nicht reduziert, aber doch einen Gang zurück geschaltet im Job. Er nimmt sich grundsätzlich keine Arbeit mehr mit nach Hause. Samstags übernimmt er Großeinkauf und Hausputz, sonntags ist er meist mit den Kindern unterwegs. Leon muss er inzwischen schon etwas Besonderes bieten, Fußball oder Eishockey, sonst ist der Junge lieber bei seinen Freunden. Mara genießt es noch sehr, den Papa mal für sich zu haben. In den letzten Ferien war er mit ihr auf einem Reiterhof. Eigentlich nicht sein Ding, dieser Pferdegestank und die Viecher überall. Aber es war schön, ihre Begeisterung mitzuerleben.

Die Ehe läuft wieder besser, seit Sandra eigene berufliche Perspektiven entwickelt. Sie will demnächst in die Schulverwaltung, dank ihrer Zusatzqualifikation hat ihre Bewerbung durchaus Chancen. Die Organisation des Alltags dürfte dann allerdings komplizierter werden. Die Kinder sind zwar aus dem Gröbsten raus, neuerdings gibt es sogar Mittagessen in der Schule. Aber für die Lehrer bleibt es eine Art Naturgesetz, dass zu Hause eine willige Nachhilfelehrerin bereit zu stehen hat. Abgesehen davon, brauchen auch Teenager ihre Eltern – selbst wenn sie sich gerne „cool" geben.

Seit sein Sohn in die Pubertät kommt, scheint Max seine Rolle als väterlicher Begleiter wichtiger denn je. Als Rund-um-die-Uhr-Betreuer ist er selbstverständlich nicht mehr gefragt; als Animateur hat er ausgedient, als Windelwechsler sowieso. Dem „Großen" ist es jetzt oft am liebsten, wenn seine Eltern gar nicht da sind und er ungestört machen kann, was er will. Manchmal aber tun sich überraschend „Beratungslücken" auf – etwa wenn Leon zwischen Fußballturnier, Computerspielen, Party oder Abhängen mit der Clique plötzlich mit einer ihm wichtigen Frage zu seinem Vater kommt.

Für diese Art der Anteilnahme, für eine zurückhaltende, abwartende Position im Hintergrund brauchen Väter (wie auch Mütter) zeitliche Spielräume, die sich nicht einfach „organisieren" oder „freischaufeln" lassen. Max hat das bei seinem Freund Jörg mitbekommen, der zwei etwas ältere Kinder hat. Seit dieser Freund in einer anderen Stadt arbeitet und nur am Wochenende zu Hause ist, bekommt er von seiner Familie kaum noch etwas mit. Ständig sind die Kinder mit ihren Freunden und Freundinnen unterwegs, übernachten häufig auch anderswo oder kommen erst mitten in der Nacht nach Hause. Viel entscheidender, berichtet Jörg nachdenklich, wäre es vielleicht, an einem Dienstagabend oder am Morgen vor der Klassenarbeit als Ansprechpartner zur Verfügung zu stehen.

Sandra wird in ihrem neuen Job deutlich besser verdienen als früher. Finanziell hat die Familie das Schwierigste hinter sich, sie müssen nicht mehr ganz so scharf rechnen. Max könnte jetzt eigentlich seine Stelle reduzieren, etwa 30 Stunden wöchentlich würden reichen. Er hat deswegen beim Arbeitgeber vorgefühlt, ist dort jedoch auf Vorbehalte gestoßen, die er in dieser massiven Form nicht erwartet hatte. Seine Firma gilt doch als „familienfreundlich", sie hat sich sogar zertifizieren lassen! Tatsächlich gibt es Mitarbeiter, die reduziert arbeiten, sogar ein paar Männer sind darunter. Aber doch nicht in seiner Position – hat sein Chef mit kaum versteckter Empörung durchblicken lassen.

Das Konzept „Kurze Vollzeit für beide Geschlechter", wie es utopiefreudige Wissenschaftler propagieren, ist in Max' Unternehmen noch nicht so richtig angekommen. Nun überlegt er, seinen alten Traum aus dem Studium zu verwirklichen und sich mit einem Ingenieurbüro selbstständig zu machen. Gerade in der Anfangszeit hieße das allerdings bestimmt nicht weniger Arbeit. Bestenfalls mehr zeitlicher Gestaltungsspielraum. Vielleicht findet er passende Räume ganz in der Nähe. Oder sie bauen den Dachboden aus, dann könnte er phasenweise von zu Hause aus arbeiten.

Max hat nie richtig geglaubt an die Sprüche der Wirtschaftsberater, die behaupten, dass im „familienfreundlichen Betrieb" stets alle gewinnen. Beruflicher Erfolg, harmonierende Partnerschaft, zufriedene Kinder – wie soll das alles gleichzeitig gehen? Die Erwartungen seines Arbeitgebers an ihn und seine eigenen Vorstellungen von einem gutem Familienalltag passen einfach an vielen Punkten nicht zusammen. Das private Leben lässt nicht vollständig durchrationalisieren, es funktioniert nicht wie eine gut geölte Maschine, die sich fast geräuschlos einem betrieblichen Ablauf einfügt. Familien sind nicht in gleicher Weise planbar, irgendetwas gerät immer wieder aus dem Lot. Kinder, da ist sich Max sicher, werden nach den herkömmlichen Karriere-Rastern immer eine zusätzliche Belastung sein. Es kommt eben darauf an, was Mann unter Karriere versteht: Handelt es sich um eine Leiter, die Stufe um Stufe aufwärts führt? Oder doch um ein Rädchen, in dem die Wege im Kreis herumführen? Oder von beidem etwas?

Max ist mittlerweile bereit, Karriere anders zu definieren. Lange Zeit war es Sandra, die für die berufliche Entwicklung ihres Mannes verzichten musste. Mit seiner sturen Haltung hätte er damals fast seine Familie auf Spiel gesetzt, um ein Haar wäre die Beziehung in die Brüche gegangen. Jetzt sind ihm Partnerschaft und Kinder wichtiger als ein (vielleicht ohnehin ausbleibender) weiterer Aufstieg in der betrieblichen Hierarchie. Er kann sich ehrlich freuen über Sandras berufliche Energie. Er ist zu Hause kein Außenseiter mehr, hat einen guten Draht zu seinen Kindern und möchte, dass das so bleibt. In knapp zehn Jahren steckt Leon vielleicht schon mitten im Studium, auch die Kleine ist bis dahin so gut wie erwachsen. Dann, so hofft er, steht ihm immer noch die Möglichkeit offen, sich anders zu orientieren, vielleicht noch einmal stärker einzusteigen.

Manchmal zweifelt Max, ob er das überhaupt will. Seine einseitige Orientierung am beruflichen Erfolg hat nachgelassen, nicht nur wegen der Kinder. Es hat auch mit Erfahrungen zu tun, mit dem Lebensalter. Die vielen Auseinandersetzungen mit Sandra waren unerfreulich, aber letztlich haben sie eine neue Basis für ihre Beziehung begründet. Ihre Geschichte geht weiter, weil sie aufeinander geachtet und sich gegenseitig Freiräume gegeben haben – und sich endlich wieder auf Augenhöhe begegnen können. Ihre gemeinsame Balance zwischen Kind und Karriere hat nie besser funktioniert als heute. Ihr „Erfolg" als Elternpaar wird ihn noch prägen, wenn die Kinder längst aus dem Haus sind. Für Max ist engagierte Vaterschaft längst keine lästige Verpflichtung mehr, sondern zu einem großen Geschenk geworden. Er hat die Rolle seines Lebens nicht verpasst. Sie hat ihn zu einem anderen Menschen gemacht.

„Partnerschaft braucht Pflege um zu gedeihen": Fragen an den Therapeuten und Coach Hans Jellouschek

In einem Ihrer Bücher sprechen Sie von der „Kunst, ein erfolgreicher Mann, Familienvater und Liebhaber zu sein". Geht das überhaupt zusammen?

Das ist sicher eine „hohe Kunst". Es wird aber immer mehr eine Notwendigkeit. Vor allem Frauen geben sich heute nicht mehr zufrieden mit der Aufteilung „Arbeitsmann – Familienfrau". Und auch die meisten Männer sind nicht mehr damit einverstanden, dass sie die „Helden an der Front" sein sollen und beziehungsmäßig bei denen, die ihnen am nächsten stehen, leer ausgehen.

Nach der Geburt eines Kindes verteilen viele Eltern ihre Aufgaben nach althergebrachtem Muster. Zu welchen Schwierigkeiten führt das in der Paarbeziehung?

Das heutige Ideal in den Köpfen und Herzen der Paare ist eindeutig dieses: Beide sind gleich zuständig für Beziehung und Familie – und beide haben einen vollwertigen Beruf. Dieses Modell wird zwar selten klar zwischen den Partnern kommuniziert, wenn sie sich zu Paaren und Familien zusammentun, aber es ist in den Köpfen und Herzen junger Menschen virulent. Oft schlittern sie dann, ohne es richtig zu merken, durch den Druck der Verhältnisse in Situationen hinein, die sie eigentlich gar nicht gewollt haben: Der Mann in die Rolle des ausschließlichen Existenzerhalters, die Frau in die der Fürsorge- und Gefühlsexpertin für Mann und Kinder.

Sehen Sie die Ursachen für eine traditionelle Arbeitsteilung eher im ökonomischen oder eher im psychologischen Bereich?

In beiden. Trotz der Bemühungen unserer Familienministerin und obwohl sicher in letzter Zeit ein gewisser Wandel spürbar wird, sind die Strukturen und Erwartungen in unseren Betrieben und Verwaltungen so, dass man zwar bei einer Frau Rücksicht auf die Tatsache nimmt, dass sie Kinder hat, bei einem Mann aber kaum. Von den Anforderungen her, die an ihn gestellt werden, muss er entweder ein Single sein oder eben eine Frau zu Hause haben, die sich um alles übrige kümmert. Zusätzlich liegen die Ursachen aber auch im psychologischen Bereich: Die Eltern der heute Dreißig- bis Vierzigjährigen sind Kinder der Kriegsgeneration. Ihre Väter waren oft abwesend, nach ihrer Rückkehr aus Krieg oder Gefangenschaft oft angeschlagen und durch ihre Sozialisation im Krieg und die Notwendigkeiten des Wiederaufbaus nach dem Krieg sehr einseitig auf Leistung und Durchsetzung ausgerichtet. Der Film „Das Wunder von Bern" hat die Probleme zwischen Vater und Sohn, die mit dieser Situation zusammenhingen, sehr eindrucksvoll geschildert. Was diese Männer vorgelebt haben, enthielt die Botschaft: „Du bist nur okay und nur dann ein richtiger Mann, wenn du es zu etwas bringst, wenn du leistungsmäßig Spitze bist." Dem entsprach umgekehrt die „gute Mutter", die sich um die Kinder kümmert und hingebungsvoll auf alle eigenen Interessen verzichtet. Dieses Muster haben die Eltern damals an ihren Nachwuchs weitergegeben. Weil die Angehörigen der nächsten Generation es in ihrer Kindheit internalisiert haben, ist dieses Familienmodell auch bei den heutigen jüngeren Erwachsenen wirksam – auch wenn es dem Ideal auf der bewussten Ebene widerspricht. Innerlich „muss" der Mann dadurch eben doch immer wieder dem Beruf den Vorrang geben und die Frau den Kindern.

Welche Rolle spielen archaische Bilder von Mann und Frau?

Immer wieder wird davon gesprochen oder geschrieben, dass es eben von den Hormonen und den Genen her so sei, dass der Mann mit Pfeil und Bogen hinaus auf die Jagd gehen muss und die Frau dazu geboren ist, in der Höhle zu Hause das Feuer zu hüten und die Kinder zu versorgen. Es mag sein, dass tief in uns solche Bilder ihre Spuren hinterlassen haben. Ich halte aber die Betonung dieser Tatsache für ideologisch, für eine Begründung, damit man nichts verändern muss. Denn abgesehen davon, dass die Biologie beim Menschen flexibel ist und Lernprozesse nicht verhindert, folgten nach dieser vielleicht ersten Periode der Menschheit Jahrtausende, in denen die Menschen nicht mehr Jäger und Sammler waren sondern bäuerliche Gesellschaften bildeten, in denen Mann und Frau in gleicher Weise „berufstätig" waren und für den Lebensunterhalt sorgten: die Männer mit den Tieren auf dem Feld, die Frauen ums Haus herum mit dem Bestellen des Gartens und mit ihrer Zuständigkeit für die Fleisch- und Milchproduktion. Weil die Väter damals noch nicht nach auswärts in die Fabrik gingen, waren sie für die Kinder sehr präsent – zumal diese nicht wie heute „erzogen" wurden, sondern einfach mit aufwuchsen. Das gilt neben der Landwirtschaft auch für die Handwerksbetriebe früherer Jahrhunderte. Die extreme und ausschließliche Aufteilung der Geschlechter als „Arbeitsmann" und „Familienfrau" ist ein relativ junges Phänomen, nämlich eines der Industrialisierung. Dadurch dass man von daheim weg musste, um die Familie zu ernähren, war es sogar ein sozialer Fortschritt, wenn „nur" die Männer arbeiten mussten und die Frauen bei den Kindern bleiben „konnten". Aber der Preis dafür war eben die extreme Polarisierung der Geschlechterrollen. Das hat also weniger mit der Biologie als viel mehr mit der Gesellschaftsform zu tun.

Warum sind Väter „mit dem Beruf verheiratet", wie Sie formuliert haben?

Da wirkt all das zusammen, was wir eben besprochen haben: vielleicht eine sehr frühe, bis in die Gene hineinreichende Ausrichtung, sicherlich unsere Geschichte seit der Industrialisierung zusammen mit den noch immer vorhandenen Strukturen und den von ihnen geprägten Erwartungen. Und natürlich auch die in die Seelen eingeschriebenen „Familien-Skripts", mit ihren inneren Bildern von der „richtigen" Frauen- und Männer-Rolle, die heutige Paare von den Eltern übernommen haben und die weiter wirksam sind.

Warum stecken Mütter beruflich freiwillig zurück?

Wahrscheinlich meldet sich aufgrund der Biologie bei der Frau so etwas wie ein „Brutpflege-Instinkt", jedenfalls stärker als beim Mann, wenn sie die Kinder in ihrer Abwesenheit nicht sehr gut aufgehoben weiß. Und wenn der Mann „keine Zeit" hat oder zu „erschöpft" ist, dann regt sich in der Seele der Frau unter dem an der Oberfläche vielleicht gezeigten Ärger die Stimme der eigenen Mutter, die vollständig auf Kinder und Mann ausgerichtet war und ihre persönlichen Ansprüche ganz in den Hintergrund gestellt hat. Auch wenn sie sich dagegen wehrt, bekommt sie trotzdem ein schlechtes Gewissen, keine so gute Mutter zu sein und ihren Kindern Schaden zuzufügen, wenn sie ihnen außerhäusige Fremdbetreuung zumutet. Und dann steckt sie doch lieber zurück und verzichtet lieber auf ihre beruflichen Ansprüche, als sich als egoistische und rücksichtslose „Emanze" zu fühlen. Das ist sicher extrem formuliert, und hier ändert sich heute einiges – aber tendenziell stimmt es immer noch.

Wie kommt es, dass über die privaten Arrangements von Eltern selbst im Freundes- und Bekanntenkreis relativ wenig geredet wird?

Ja, das ist eigenartig. Das Thema „Beruf – Beziehung – Familie" ist ausgesprochen unbeliebt. Vielleicht hängt es damit zusammen, dass man sich so hilflos fühlt und wenige Chancen sieht, die Situation wirksam zu bewältigen. Dann schweigt man lieber resigniert, als dass man sich austauscht und eventuell sogar zusammentut, um miteinander etwas zu verändern. Denn Familien-Netzwerke, in denen man sich gegenseitig unterstützt und abwechselnd aushilft, könnten in der heutigen Situation äußerst hilfreich sein. Ich habe da schon beeindruckende Beispiele erlebt, zum Beispiel vier Paare mit Kindern in etwa dem gleichen Alter, bei denen beide Elternteile berufstätig waren, die in ein Haus zusammengezogen sind und sich die Kinderbetreuung so teilten, dass alle Erwachsenen berufstätig sein konnten. Freilich braucht das sehr viel Abstimmung, sehr gute Kommunikation und Organisation – und davon sind dann auch wieder viele überfordert.

Was können Männer tun, um in der Familienphase eine gelungene Partnerschaft mit ihrer Frau hinzubekommen?

Sicher stehen Männer oft so unter Druck, dass dieses Anliegen ihr subjektives Vermögen überfordert. Dennoch könnten sie manchmal mehr tun. Sich im Interesse von Partnerschaft und Familie auch mal dem Chef gegenüber klar abzugrenzen, das trauen sich viele nicht. Manchmal habe ich den Eindruck: Während sie als Jugendliche wahrscheinlich gegen ihre Väter rebelliert haben, wollen sie jetzt als Erwachsene die guten Söhne ihrer (Chef-)Väter sein, um endlich deren Anerkennung zu bekommen, die sie oft in der Familie entbehrt haben. Abgrenzung im Interesse der Familie, wenn sie notwendig ist, sollte in der Arbeitswelt viel mehr gang und gäbe werden. Schließlich sind die Männer, die hier arbeiten – auch als Betriebsangehörige – Partner und Väter. Das gehört zu ihrer Identität doch dazu, davon kann man nicht einfach abstrahieren. Also brauchen sie auch das Einbeziehen ihrer partnerschaftlichen und familiären Situation in den Arbeitsablauf und in die Arbeitsorganisation. Um das zu erreichen, bräuchte es aber mehr Mut unter Männern, das auch offen gegen berufliche Überbeanspruchung zu vertreten. Außerdem: Mit der Verliebtheit am Anfang einer Beziehung ist es eben nicht getan. Was viele Paare heute nicht beachten, ist, dass eine Partnerschaft nicht von selber gedeiht. Sie braucht Pflege, wie alles Lebendige. Keiner Pflanze würde man es zumuten, ohne Wasser und Dünger zu überleben. Den Paarbeziehungen muten das aber viele zu. Das heißt: Pflege der Beziehung – von Gespräch bis Sexualität – braucht geschützte Zeiten und Räume. Und solche ergeben sich nicht von selbst, sie müssen eingeplant und gestaltet werden. „Verbindliche Paarzeiten" nenne ich das und propagiere es, wo immer ich Gelegenheit dazu habe.

Was können Mütter den Vätern anbieten?

Viele Frauen sind von einem ausgesprochenen „Übermutter-Ideal" beseelt: Mutter weiß und kann es – was die Kinder angeht – immer am besten. Das bedeutet dann, dass Väter, die sich engagieren, es ihnen nie recht machen können. Positiv gewendet: Wenn der Mann mit den Kindern zusammen ist, sollte die Frau ihn mehr machen lassen. Je öfter er es macht und dazu ermutigt wird, desto besser wird er sich darauf einspielen. Familienforscher haben festgestellt, dass Männer Spezifisches in die Erziehung einbringen, das sonst fehlen würde: Sie betonen zum Beispiel mehr das Motorische und Kämpferische beim Spielen, und sie fordern die Kinder intellektuell mehr. Und davon abgesehen: Für die Identitätsentwicklung des Jungen zum Mann und des Mädchens zur Frau hat der kontinuierliche Kontakt mit dem Vater als dem ersten Vertreter des männlichen Geschlechtes eine ganz große Bedeutung. Wenn Frauen ihren Männern immer wieder signalisieren, wie wichtig diese als Väter sind und wie sehr sie es schätzen und wichtig finden, wenn sie als Väter präsent sind, werden sie sich zu mehr Engagement für die Kindern ermutigt fühlen. Sie brauchen diese Ermutigung, weil sie sich selber aus Mangel eines guten Modells für väterliche Präsenz in ihrer eigenen Kindheit oft sehr unsicher fühlen.

Halten Sie den männlichen „Karriereverzicht auf Zeit" in einer veränderten Berufswelt für einen gangbaren Weg?

In dem Begriff „Karriereverzicht" liegt schon das ganze Problem. Warum muss es ein Karriere*verzicht* sein, wenn der Mann eine Zeit lang beruflich kürzer tritt? Frauen erleben nicht selten, dass ihnen – eine gute Ausbildung natürlich vorausgesetzt – die Familienzeit mit den Kindern für den Wiedereinstieg in den Beruf auch zugute kommt. Kindererziehung und Familienorganisation sind eine ausgezeichnete Management-Schulung. Warum könnte man das nicht auch bei Männern so sehen? Warum sollte es nicht selbstverständlich werden, dass auch zum Leben der Männer die Familie dazugehört und darum die Arbeit so organisiert werden muss, dass auch für sie familiäres Engagement ohne Karriereverzicht möglich wird?

Was ist Ihre Zukunftsperspektive für das Verhältnis von Männern und Frauen?

Manchmal habe ich Angst, dass aufgrund der wirtschaftlichen Entwicklung und auch aufgrund allenthalben spürbarer konservativer, ja fundamentalistischer Tendenzen das Ideal der Gleichwertigkeit von Männern und Frauen wieder aufgegeben wird und wir wieder zur alten Rollen-Polarisierung zurückkehren. Ich glaube, dass es der Lebendigkeit der Liebe zwischen Mann und Frau und einem guten Familienleben nützt, wenn beides möglich ist – berufliche *und* partnerschaftlich-familiäre Selbstverwirklichung für Mann *und* Frau. Darum hoffe ich, dass wir in dieser Richtung weiterschreiten. Und kurzfristig möchte ich den Paaren zurufen: Resigniert nicht! Vorerst sind auf dem Weg zu einer gleichwertigen Aufteilung von Beruf und Familie meist nicht mehr als Kompromisse möglich. Macht euch nicht wechselseitig zu Gegnern, die sich die Schuld am Misslingen des Ideals in Schuhe schieben. Schließt vielmehr immer wieder Bündnisse miteinander, um kooperativ solche Kompromisse zustande zu bringen und damit auf dem Weg in die richtige Richtung zu bleiben!

Links und Literatur – Der Serviceteil

Väter-Rechte, Väter-Bücher, Väter-Ratgeber,
Väter-Netzwerke, Internetadressen, Quellennachweise,
Informationen zum Autor

Väter-Rechte: Elternzeit, Elterngeld und Teilzeitarbeit

Was heißt Elternzeit?

- Väter und Mütter dürfen während einer Babypause parallel bis zu 30 Wochenstunden arbeiten.
- Die Elternzeit ist flexibel. Väter können sich schon während des Mutterschutzes frei stellen lassen. Allerdings müssen sie ihren Arbeitgeber sechs Wochen vorher informieren. Nach der Geburt beträgt die Antragsfrist acht Wochen.
- Mutter und Vater können die Elternzeit auch gleichzeitig nutzen; die Gesamtdauer verkürzt sich entsprechend.
- Die Elternzeit kann auf bis zu vier Zeitabschnitte verteilt werden; theoretisch geht das bis zum achten Geburtstag des Kindes.
- Während der Elternzeit besteht Kündigungsschutz und eine rechtliche Garantie auf Rückkehr an den früheren (oder zumindest einen gleichwertigen) Arbeitsplatz.

Was heißt Elterngeld?

- Mit dem Elterngeld wird eine Lohnersatzleistung auf der Basis von 67 Prozent des bisherigen Nettoeinkommens gezahlt.
- Die Summe beträgt maximal 1800 Euro, Grundlage der Berechnung ist das Durchschnittsgehalt der zwölf der Geburt vorausgehenden Monate.
- Auch Selbstständige können Elterngeld beantragen. Bei ihnen wird der wegen der Kinderbetreuung wegfallende Gewinn nach Abzug der Steuern zu 67 Prozent ersetzt.
- Der Anspruch besteht mindestens ein Jahr lang. Zwei weitere „Partnermonate" sind an die Bedingung geknüpft, dass das bis dahin voll erwerbstätige Elternteil (meist der Vater) sich ebenfalls

um die Kinderbetreuung kümmert und seine Arbeitszeit auf höchstens 30 Stunden pro Woche reduziert.

- Alleinerziehende erhalten das Elterngeld 14 Monate. Arbeitslose bekommen einen nicht auf andere Leistungen angerechneten Mindestbetrag von 300 Euro.
- Es gibt die Möglichkeit, das Eltengeld auf maximal 28 Monate zu „strecken". Die monatliche Zahlung verringert sich bei gleichem Gesamtbudget entsprechend.
- Geschwisterbonus: Haben Paare zwei Kinder unter drei Jahren oder drei und mehr Kinder unter sechs Jahren, erhöht sich das Elterngeld um zehn Prozent, mindestens jedoch um 75 Euro pro Monat.
- Kein Trauschein: Auch unverheiratete Väter können Elterngeld bekommen – wenn sie mit dem Kind in einem Haushalt leben und die Vaterschaft amtlich anerkannt ist.

Warum sollten Väter sich die Elternzeit gönnen?

- Vaterschaft ist heute mehr als bloße Zahlvaterschaft. Männer wollen nicht nur das Geld nach Hause bringen, sondern von ihren Kindern etwas mitbekommen.
- Viele Eltern wünschen sich partnerschaftliche Modelle bei der Kindererziehung. Manche Paare können sich eine geteilte Verantwortung nicht leisten, weil die Frau zu wenig verdient. Für begrenzte Zeit ist es aber in den meisten Familien durchaus möglich, dass auch Männer bei der Arbeit kürzer treten.
- „Papamonate" sind ein idealer Nährboden dafür, auch in späteren Entwicklungsphasen einen guten Kontakt zum Kind zu haben – selbst wenn Männer dann vielleicht wieder Vollzeit arbeiten. Langfristig geht es ohnehin weniger um das Nacheinander als um das Nebeneinander von Kind und Karriere.

Wofür brauchen Kinder Väter?

- Kinder brauchen beide Eltern. Für Söhne, die in Kindergarten und Grundschule in einer von Frauen geprägten Umgebung aufwachsen, ist das gleichgeschlechtliche Rollenvorbild besonders wichtig.
- Männer stehen im besten Fall für einen anderen, positiv bewerteten Erziehungsstil: In manchen Punkten sind sie lockerer, in anderen Dingen strenger als Mama.

Wofür brauchen Väter Kinder?

- Kinder nicht nur im Urlaub oder am Wochenende intensiv zu erleben, ist für Väter ein enormer Gewinn. Kinder ermöglichen eine buntere Sicht auf die Welt, sie machen zärtlich und offen. Kinder erweitern den Horizont von Männern, die bisher eindimensional auf ihren Beruf ausgerichtet waren.
- Vatersein macht Spaß! Zu Hause warten eben nicht nur der blöde Abwasch, der verschmierte Hintern oder das nächtliche Aufwärmen von Milchflaschen, sondern viele glückliche Momente im täglichen Zusammensein. Es ist einfach toll, sein Baby von Anfang an zu begleiten.

Was bringt eine Babypause den Vätern persönlich?

- Die Elternzeit ist ein Einstieg in die ungewohnte Welt der Väterlichkeit, die Männer sich erst noch erobern müssen. In der Säuglingszeit macht es wenig Sinn, gegen den „biologischen Vorteil" der Frauen zu konkurrieren. Männer können eben nicht stillen! Aber gerade in den ersten Wochen nach der Geburt braucht die Mutter einen fähigen Assistenten, der das Zeug hat zum späteren gleichberechtigten Teilhaber.
- Es macht zufrieden, auf Kinder in allen Lebenslagen angemessen reagieren zu können – und es verschafft Achtung. Die Zeiten, als auf dem Küchenschrank der Lederriemen lag, sind glücklicherweise vorbei. Autorität müssen sich Väter heute in demokratischen Verhältnissen erarbeiten. Sie müssen sich zu Hause auskennen, und dafür lohnt es sich, auch mal eine Überstunde sausen zu lassen.

Teilzeit – eine Chance für Väter

- Arbeitnehmer haben ein individuelles Recht auf Teilzeitarbeit – wenn sie in Unternehmen mit mehr als 15 Beschäftigten arbeiten. Kleinbetriebe sind von dem Gesetz ausgenommen.
- Mitarbeiter können ihre Arbeitszeit verringern, wenn sie länger als ein halbes Jahr dem Betrieb angehören. Sie müssen ihren Teilzeitwunsch mindestens drei Monate vorher mündlich oder schriftlich anmelden.
- Unternehmen dürfen entsprechende Anträge nur dann ablehnen, wenn dem „betriebliche Gründe" entgegenstehen. Diese muss der

Arbeitgeber spätestens einen Monat vor dem gewünschten Beginn der Teilzeit nennen. Reagiert er nicht, wird die Arbeitszeit entsprechend der Wünsche des Arbeitnehmers verringert.

- Teilzeitbeschäftigte, die zu ihrer früheren Arbeitszeit zurückkehren wollen, sind bei der Besetzung von freien Vollzeitstellen „bevorzugt zu berücksichtigen".

Teilzeit ist akzeptiert

- Teilzeit wird oft als halbe Stelle missverstanden oder mit Jobsharing in Verbindung gebracht. Rechtlich fällt darunter alles, was kürzer ist als die regelmäßige Wochenarbeitszeit. Auch 80 Prozent-Stellen oder 30-Stunden-Wochen sind Teilzeitarbeit.
- Teilzeit hatte früher ein schlechtes Image, klang nach Bezirksklasse und halber Portion. Wo bessere Rahmenbedingungen angeboten werden, ändert sich das Klima: So arbeiten inzwischen rund 20 Prozent der niederländischen Männer Teilzeit. Kürzere Arbeitszeiten gelten dort schon lange nicht mehr als „unmännlich", sie sind in der Gesellschaft wie in den Unternehmen akzeptiert.

Teilzeit ist fast immer machbar

- Wie kürzere Arbeitszeiten in die betriebliche Organisation integriert werden, kann kein Gesetz festlegen. Teilzeit ist eine Herausforderung an die logistische Fantasie der Personalplaner.
- Manche Firmenchefs oder Abteilungsleiter argumentieren gegen Teilzeit mit organisatorischen Hindernissen. Diese mögen in der Übergangsphase ein Problem sein, sind aber kein stichhaltiger Grund für eine grundsätzliche Ablehnung. Die Erfahrungen zeigen, dass Teilzeit langfristig kostenneutral umzusetzen ist.
- Nicht jeder Kleinbetrieb kann individuelle Teilzeitwünsche reibungslos berücksichtigen. In Großunternehmen dagegen sind solche Bedenken häufig vorgeschoben. Es geht dann häufig weniger um reale Probleme als um die Macht alter Gewohnheiten.
- Wer befürchtet, mit seinem Anliegen auf Widerstände zu stoßen, sollte sich gründlich vorbereiten und selbst Ideen entwickeln, wie man die reduzierte Stelle in seiner Abteilung organisieren kann. Sinnvoll ist es auch, die unmittelbaren Kollegen früh mit den eigenen Plänen vertraut zu machen.

Teilzeit gehört zu einer neuen Arbeitskultur

- Das Gesetz legt fest, dass Beschäftigte mit reduzierter Stundenzahl gegenüber vergleichbaren Vollzeit-Arbeitnehmern nicht diskriminiert werden dürfen. Ihnen müssen die gleichen Möglichkeiten in ihrer beruflichen Entwicklung eingeräumt werden. Sie haben ein Recht auf gleiche Behandlung beim Entgelt und bei anderen geldwerten Leistungen wie Aus- und Weiterbildung.
- Teilzeitmitarbeiter leisten im Vergleich zu ihrer Stundenzahl nicht weniger, sondern mehr. Studien belegen ihre hohe Produktivität: Kürzer arbeitende Beschäftigte erledigen ihre Aufgaben ausgeruhter und effektiver.
- Männer befürchten einen Karriereknick, wenn sie nicht mehr voll zur Verfügung stehen. Erfahrungen etwa aus den Niederlanden zeigen: Wenn (fast) alle weniger arbeiten und „bunte" Berufsbiografien verfolgen, fallen Teilzeitler nicht mehr auf, sondern werden zu einer Art „neuen Norm".

Teilzeit ist ein Gewinn an Lebensqualität

- Viele Familien brauchen anderthalb Einkommen, um über die Runden zu kommen. Das bedeutet nicht zwangsläufig, dass Männer eine volle und Frauen eine halbe Stelle habe müssen. Möglich ist auch Teilzeitarbeit für beide Geschlechter, in welcher Form auch immer. So kann die Last der Ernährerrolle auf mehrere Schultern verteilt werden.
- Teilzeit-Väter haben mehr Zeit für ihre Kinder. Im Alltag von Familien macht es einen großen Unterschied, ob Papa um drei, um fünf oder um acht nach Hause kommt.
- Es geht nicht nur darum, Familie und Beruf in die richtige Balance zu bringen. Teilzeit heißt auch: mehr Raum für Hobbys und persönliche Interessen, für Sport oder Weiterbildung. Mehr Zeit für die Liebe, für Freunde und Bekannte, für sich selbst.

Väter-Bücher – eine kommentierte Auswahl

Im Vergleich zur Mütter-Literatur gab es lange relativ wenige Bücher über Väter. Erst in den letzten Jahren hat sich das geändert. Die alphabetisch geordnete Liste enthält neben Sachbüchern und wissenschaftlichen Titeln auch Broschüren, Zeitschriften und literarische Versuche.

Gerhard Amendt: Scheidungsväter. Wie Männer die Trennung von ihren Kindern erleben. Campus Verlag, Frankfurt 2006.
Bewegende Fallgeschichten, die bewusst einseitig dokumentiert werden
Arbeitsgemeinschaft für katholische Familienbildung: Männer die auch Väter sind. Bonn 2002.
Impulse für die Väterarbeit aus „Männerseelsorge und Familienpastoral"
Volker Baisch/Bernd Neumann: Das Väter-Buch. Knaur Verlag, München 2008.
„Papa-Coaching" durch Experten des Hamburger Väterzentrums
Herbert Beckmann: TöchterVäter. Rotbuch Verlag, Hamburg 1996.
Die doppelte Herausforderung für Männer, wenn ihr Kind in eine weibliche Welt hineinwächst
Andreas Borter (Hrsg.): Handbuch VäterArbeit. Ruegger Verlag, Zürich 2004.
„Impulse für Väter und Verantwortliche in Betrieben" aus der Schweiz
Tobias Bücklein: Der Marathonpaps. Little Book Media, Konstanz 2005.
Unterhaltsame Glossen und „Seitenhiebe" eines Väter-Kabarettisten
Bundesministerium für Familie, Senioren, Frauen und Jugend: Mein Papa und ich! Der Vater-Kind-Ratgeber, Berlin 2002.
Populäre Darstellung in Zusammenarbeit mit dem Verein „Mehr Zeit für Kinder"
Peter Döge: Männer als aktive Väter. IAIZ-Schriftenreihe, Band 4, Berlin 2006.
Expertise im Auftrag des Bundesfamilienministeriums
Wassilios Fthenakis/Beate Minsel: Die Rolle des Vaters in der Familie. Kohlhammer Verlag, Stuttgart 2002.
Viel zitierte Studie unter Federführung des wohl bekanntesten deutschen Väterforschers
Thomas Gesterkamp: Gutesleben.de. Die neue Balance von Arbeit und Liebe. Klett-Cotta Verlag, Stuttgart 2002.
Männer und Frauen auf der Suche nach dem Gleichgewicht zwischen Partnerschaft, Job und Familie
David Gilmore: Unser allererstes Jahr. Fischer Verlag, Frankfurt 2009.
Ein Vater erklärt seinemSohn auf unkonventionelle Weise die Welt
Robert Habeck: Verwirrte Väter. Oder: Wann ist der Mann ein Mann. Gütersloher Verlaghaus 2008.
Ein Grünen-Politiker bagründet, warum Karriere nicht alles ist

Markus Hofer (Hrsg.): Vater, Sohn und Männlichkeit. Verlagsgemeinschaft topos plus, Kevelaer 2008.
Dokumentation einer österreichischen Männertagung, die neben anderen Texten auch einen Vortrag des Verfassers dieses Buches enthält
Hans Jellouschek: Wie Liebe, Familie und Beruf zusammengehen. Herder Verlag, Freiburg 2007.
Die Aufgabenteilung zwischen Männern und Frauen aus der Sicht eines Eheberaters und Paartherapeuten
Yvonne Knibiehler: Geschichte der Väter. Eine kultur- und sozialhistorische Spurensuche. Herder Verlag, Freiburg 1996.
Eine französische Historikerin skizziert detailreich den Wandel der Vaterrolle
Hubert Kößler/Armin Bettinger (Hrsg.): Vatergefühle. Männer zwischen Rührung, Rückzug und Glück. Kreuz Verlag, Stuttgart 2000.
Väter berichten in lebendiger Form über ihre persönlichen Erfahrungen
Kursbuch: Die Väter. Heft 140, Rowohlt Verlag, Berlin 2000.
Ein Mosaik aus zeitlosen Essays mit unterschiedlichen Zugängen und Sichtweisen, besonders lesenswert Susan Faludi über Väter und Söhne
Michael Matzner: Vaterschaft aus der Sicht von Vätern. VS Verlag, Wiesbaden 2004.
Auf der Grundlage von ausführlichen Interviews mit 24 Männern werden „subjektive Vaterschaftskonzepte" herausgearbeitet
Klaus Modick: Vatertagebuch. Eichborn Verlag, Frankfurt 2005.
Ein Schriftsteller mit Töchtern in der Pubertät blickt in literarischer Form zurück auf zwanzig Jahre Vatersein
Tanja Mühling/Harald Rost (Hrsg.): Väter im Blickpunkt. Perspektiven der Familienforschung. Verlag Barbara Budrich, Opladen 2008.
Expertisen des Staatsinstituts für Familienforschung an der Universität Bamberg
Matthias Ochs/Rainer Orban: Familie und Beruf. Work-Life-Balance für Väter. Beltz Verlag, Weinheim und Basel 2007.
Zwei Familientherapeuten über „Lebenskunst für Männer"
Klaus Peinelt-Jordan: Männer zwischen Familie und Beruf. Ein Anwendungsfall für die Individualisierung der Personalpolitik. Rainer Hampp Verlag, München 1996.
Studie über die Veränderung der Vaterrolle aus betriebswirtschaftlicher Sicht
Horst Petri: Das Drama der Vaterentbehrung. Chaos der Gefühle – Kräfte der Heilung. Herder Verlag, Freiburg 2006.
Es geht nicht um berufs- oder trennungsbedingte Abwesenheit von Männern, sondern um Vaterlosigkeit durch unbekannte Erzeuger oder frühen Tod
Eberhard Rathgeb: Schwieriges Glück. Versuch über die Vaterliebe. Hanser Verlag, München 2007.
Ein Beispiel für das Aufgreifen des Vater-Themas in der Literatur

Robert Richter/Eberhard Schäfer: Das Papa-Handbuch. Verlag Gräfe und Unzer, München 2005.
Nützlicher Ratgeber zu Schwangerschaft, Geburt und dem ersten Jahr zu dritt
Robert Richter/Martin Verlinden: Vom Mann zum Vater. Votum Verlag, Münster 2004.
Praxisbeispiele für die Bildungsarbeit mit Vätern
Kathrin Rohnstock (Hrsg.): Sag mir wie die Väter sind. Elefanten Press Verlag, Berlin 1997.
Geschichten von und über Väter aus überwiegend ostdeutschem Blickwinkel
Ralf Ruhl: Kinder machen Männer stark. Vater werden – Vater sein. Rowohlt Verlag, Reinbek 2000.
Der Autor ist bei der Zeitschrift „Spielen und Lernen" für Väterthemen zuständig
Eberhard Schäfer/Michael Abou-Dakn/Achim Wöckel (Hrsg.): Vater werden ist nicht schwer. Zur neuen Rolle des Vaters rund um die Geburt. Psychosozial-Verlag, Gießen 2008.
Männer während der Schwangerschaft und im Kreißsaal
Lothar Schon: Sehnsucht nach dem Vater. Klett-Cotta Verlag, Stuttgart 2000.
Ein Psychotherapeut analysiert die Dynamik der Vater-Sohn-Beziehung
Dieter Schnack/Thomas Gesterkamp: Hauptsache Arbeit? Männer zwischen Beruf und Familie. Rowohlt Verlag, Reinbek 1998.
Väter und Arbeit: „Es nützt wenig, die neue Väterlichkeit auszurufen, wenn die Männer im Berufsleben feststecken"
Dieter Thomä: Väter. Eine moderne Heldengeschichte. Hanser Verlag, München 2008.
Ein Philosoph über vielfältige Vätermodelle zwischen Patriarch und Kumpel
Väter in Bewegung. Familienministerium Nordrhein-Westfalen, Düsseldorf 2003.
Ermutigende Broschüre zur Väterkampagne „Verpass' nicht die Rolle deines Lebens"
Martin Verlinden/Anke Külbel: Väter im Kindergarten. Anregungen für die Zusammenarbeit mit Vätern in Tageseinrichtungen für Kinder, Weinheim 2005.
Praxisorientiertes Handbuch für Erzieher und Erzieherinnen
Heinz Walter (Hrsg.): Männer als Väter. Sozialwissenschaftliche Theorie und Empirie. Psychosozial Verlag, Gießen 2002.
Sehr umfangreicher, teilweise etwas theoretischer Sammelband
Carsten Wippermann/Marc Calmbach/Katja Wippermann: Männer: Rolle vorwärts, Rolle rückwärts? Identität und Verhalten von traditionellen, modernen und postmodernen Männern. Verlag Barbara Budrich, Opladen 2009.
Studie des Heidelberger Forschungsinstitutes Sinus Sociovision, die versucht, soziale Milieus und männliche Orientierungen zu verknüpfen

Harald Werneck/Martina Beham/Doris Palz (Hrsg.): Aktive Vaterschaft. Männer zwischen Familie und Beruf. Psychosozial Verlag, Gießen 2006.
Zusammenstellung wissenschaftlicher Beiträge aus Österreich
Paul Zulehner/Rainer Volz: Männer im Aufbruch. Wie Deutschlands Männer sich selbst und wie Frauen sie sehen. Schwabenverlag, Ostfildern 1998.
dies.: Männer in Bewegung. Zehn Jahre Männerentwicklung in Deutschland. Nomos Verlag, Baden-Baden 2009.
Forschungsberichte zum Wandel der Geschlechterrollen im Auftrag der evangelischen und der katholischen Kirche
Zwischen Meeting und Masern. Vereinbarkeit von Beruf und Familie – ein Thema auch für Männer. Ver.di-Bundesverwaltung, Berlin 2004.
Popularisierte Zusammenfassung einer gewerkschaftlichen Studie zu den Spielräumen von Vätern am Arbeitsplatz

Väter-Ratgeber

Dieter Bednarz: Überleben an der Wickelfront. Vom Elternglück in den besten Jahren. Deutsche Verlags-Anstalt, München 2009
Louis Borgenicht: Das Baby. Inbetriebnahme, Wartung und Instandhaltung. Sanssouci im Hanser Verlag, München 2004
Frank Busemann: Neun Monate. Aus dem Leben eines Ahnungslosen. Verlag hellblau, Essen 2009
Hermann Ehmann: Mein Leben als Mutti. Wahre Geschichten eines Elternzeit-Papas. Verlag C.H. Beck, München 2009
Constantin Gillies: Wickelpedia – Alles, was man(n) übers Vaterwerden wissen muss. List Verlag, München 2009
Markus Kamrad/Yassin Musharbash/Jonas Viering: Wir Wickelprofis. So wird die Elternzeit für Väter zum Kinderspiel. Heyne Verlag, München 2009
Robert Meier: Der Bauch ist rund – und Schluss ist, wenn die Hebamme abpfeift. Ein Begleitbuch für werdende Väter. Eichborn Verlag, Frankfurt 2005
Kester Schlenz: Papas Schwangerschaftskalender. Goldmann Verlag, München 2009
Carsten Wittmaack: Zwergenalarm. Das Handbuch für werdende und gewordene Väter. Verlag Schwarzkopf + Schwarzkopf, Berlin 2008

Väter-Netzwerke

Selbst in kleineren Orten gibt es Möglichkeiten für aktive Väter, Kontakt zu Gleichgesinnten aufzunehmen. Das fängt schon an mit der Geburtsvorbereitung, wo Hebammen inzwischen zumindest einzelne Abende speziell für Männer organisieren. Weitere Angebote sind Väterkurse in Jugendämtern, Erziehungsberatungsstellen und in der Erwachsenenbildung, Vater-Kind-Spielgruppen in Kirchengemeinden oder Bürgerzentren, Väterstammtische in Kindergärten und Horten, betriebliche Dienstleistungen im Spannungsfeld von Familie und Beruf sowie Selbsthilfegruppen etwa für gewalttätige Männer oder Trennungsväter.

In Großstädten wie Hamburg, München und Berlin haben sich eigenständige Väterzentren etabliert. Die Räume des Berliner „Papaladens" wirken auf den ersten Blick wie ein herkömmlicher Elterntreff, dann aber fallen Unterschiede auf. Kickertisch und Autorennbahn stehen neben der Wickelkommode. Auch das Plakat, das zum öffentlichen „Papa Viewing" von Fußballspielen einlädt – mit dem Nachwuchs selbstverständlich – dürfte anderswo fehlen.

Die Einrichtungen der Familienbildung hießen früher „Mütterschulen", und dieser Name war Programm: Als Zielgruppe galten ausschließlich Frauen, die Kurse in Rückbildungsgymnastik absolvierten oder sich über Trends bei der Babypflege informierten. Väter fühlten sich in diesen weiblich geprägten Runden meist deplatziert – auch deshalb knüpfen sie jetzt eigene Netzwerke.

Die Erfahrungen der Praktiker zeigen, dass Männer häufig erst in persönlichen Krisensituationen anfangen, über ihre Rolle nachzudenken. Väter dort „abzuholen, wo sie stehen" kann deshalb bedeuten, ein handfestes Problem vorzufinden: Männer, die arbeitslos geworden sind und ihre Versorgerrolle nicht mehr ausfüllen können; Männer, deren Frauen sich scheiden lassen wollen und die Kinder für sich beanspruchen; Männer, die auf familiäre Probleme mit körperlicher Gewalt reagiert haben.

Nicht nur In Beratungsstellen und Familienbildungsstätten, auch in Kinderbetreuungseinrichtungen und Schulen sind Väter bisher wenig beteiligt. Das liegt nicht nur an fehlendem Interesse, sondern auch an der weiblich geprägten Atmosphäre. Wenn eine Lehrerin davon spricht, was die Mütter alles zum Schulfest beitragen könnten, und gar nicht merkt, dass 40 Prozent der Anwesenden auf der Elternversammlung Väter sind, kann das ausbleibende männliche Engagement nicht verwundern.

Es ist völlig legitim, eine Kanutour mit den Kindern spannender zu finden als Laternenbasteln oder das Einstudieren von Weihnachtsliedern. Betuliche Aktivitäten wie Plätzchenbacken eignen sich nicht dazu, Väter in eine Tagesstätte zu locken. Warum nicht mal ein Geländespiel oder ein Fußballturnier? Nur als „Handwerker" gefragt zu sein finden Männer auf Dauer zu einseitig. Die meisten Gremien, in denen Eltern sich einbringen können, treffen sich tagsüber. Das von den Kindern eingeübte Theaterstück wird am Nachmittag aufgeführt. Für fast alle Väter (und immer mehr Mütter) kommt dieser Termin wegen ihrer beruflichen Verpflichtungen kaum in Frage.

Konzepte, Männer an ihren Arbeitsplätzen als Väter anzusprechen, gewinnen an Bedeutung. Das setzt voraus, dass Unternehmen eine väterbewusste Personalpolitik verfolgen und bereit sind, die Familienorientierung ihrer männlichen Mitarbeiter ernst zu nehmen. Die Bemühungen in diese Richtung stehen erst am Anfang. In den meisten Betrieben werden Männer in ihrer Rolle als Väter gar nicht wahrgenommen. Manchmal sind sie es sogar selbst, die familiäre Verpflichtungen verschweigen oder herunterspielen, um keinen Zweifel an ihrer beruflichen Zuverlässigkeit aufkommen zu lassen.

Das „Väter-Experten-Netz Deutschland" ist ein Zusammenschluss von Fachkräften aus Beratung, Bildung, Forschung und Publizistik. In dem bundesweit tätigen Verein kooperieren regionale Initiativen wie der Hamburger Väter e.V., der Berliner Papaladen oder das Kölner Männer-Väter-Forum.

Ein Teil der Männer scheut das direkte Gespräch und sucht hilfreichen Rat lieber im Internet. Dort finden sich zahlreiche Informationen und Kontaktmöglichkeiten für Väter. Es folgt eine Liste von Seiten, die Vätertipps online anbieten.

Internetadressen

Deutschland

<http://www.vaeter.de>
<http://www.vaeterblog.de>
<http://www.vaeter-nrw.de>
<http://www.vaeter-in-niedersachsen.de
<http://www.vaeter-netz.de>
<http://www.vaeterzentrum-berlin.de>
<http://www.vaeter-und-karriere.de>
<http://www.mit-vaetern-rechnen.de>
<http://www.vaeter-zeit.de>
<http://www.vaterwerden-vatersein.de>
<http://www.vater-und-beruf.de>
<http://www.vend-ev.de>
<http://www.vaetertagung.de>
<http://www.vafk.de>
<http://www.ichbinpapa.de>
<http://www.maennerfragen.de>
<http://www.maennerrat.de
<http://www.forum-maenner.de>
<http://www.maennerzeitung.de>
<http://www.maenner.ekir.de>
<http://www.kircheundgesellschaft.de>
<http://www.esperanza-online.de>
<http://www.neue-wege-fuer-jungs.de>
<http://www.iaiz.de>
<http://www.dissens.de>
<http://www.familienhandbuch.de>
<http://www.familien-wegweiser.de>
<http://www.familienatlas.de>
<http://www.arbeitswelt.de>
<http://www.work-life.de>
<http://www.beruf-und-familie.de>
<http://www.erfolgsfaktor-familie.de>
<http://www.mittelstand-und-familie.de
<http://www.bzga.de>
<http://www.bmfsfj.de>

Österreich

<http://www.karenzundkarriere.at>
<http://www.junge-vaeter.at>
<http://www.vaeterkarenz.at>
<http://www.maenneratlas.at>
<http://www.maenner.at>

Schweiz

<http://www.vaeternetz.ch>
<http://www.avanti-papi.ch>
<http://www.hallopa.ch>
<http://www.maenner.ch>
<http://www.vaetertag.ch>
<http://www.maennerzeitung.ch>
<http://www.maenner.org>
<http://www.forummann.ch>
<http://www.gleichfalls.ch>
<http://www.fairplay-at-work.ch>
<http://www.swissdad.ch>
<http://www.vaetergewinnen.ch>

Quellennachweise

Damit der Text gut lesbar ist, habe ich darauf verzichtet, „wissenschaftlich" zu zitieren. Unter den Namen der Autoren oder Institutionen finden sich die erwähnten Studien und sonstigen Veröffentlichungen. Die bereits kommentierten „Väter-Bücher" werden nicht erneut aufgeführt.

Beck, Ulrich: Die Liebe – Gott der Privatheit. Über das Ringen um neue Formen des Zusammenlebens von Mann und Frau. In: Neue Zürcher Zeitung vom 25.9.2006

Beck, Ulrich: Risikogesellschaft. Auf dem Weg in eine andere Moderne, Frankfurt 1986

Berlin-Institut für Bevölkerung und Entwicklung: Die demografische Lage der Nation, München 2006

Bolz, Norbert: Die Helden der Familie, München 2006

Bundesministerium für Familie, Senioren, Frauen und Jugend (Hrsg.): Siebter Familienbericht: Familie zwischen Flexibilität und Verlässlichkeit. Perspektiven für eine lebenslaufbezogene Familienpolitik, Berlin 2005

Bundesministerium für Bildung und Forschung (Hrsg.): Erster Nationaler Bildungsbericht, Berlin 2006

Cremers, Michael: Neue Wege für Jungs?! Ein geschlechtsbezogener Blick auf die Situation von Jungen im Übergang Schule-Beruf, Bielefeld 2006

Davis, Mike: Stahl statt Aspirin. Konservative Werte gegen den Lebensstil von „Sex and the city". In: Die Zeit vom 10.11.2004

Dettling, Warnfried: Im 30-Prozent-Turm. In: Die Tageszeitung vom 9.11.2002

Deutsches Institut für Wirtschaftsforschung: Ursachen der Diskrepanz zwischen Kinderwunsch und Kinderzahl, Berlin 2005

Dinklage, Meike: Der Zeugungsstreik. Warum die Kinderfrage Männersache ist, München 2005

Döge, Peter: Geschlechterdemokratie als Männlichkeitskritik. Blockaden und Perspektiven einer Neugestaltung des Geschlechterverhältnisses, Bielefeld 2001

Döge, Peter: Auch Männer haben ein Vereinbarkeitsproblem. Familienorientierte Männer im betrieblichen Kontext, Berlin 2004

Döge, Peter/Volz, Rainer: Wollen Frauen den neuen Mann? Traditionelle Geschlechterbilder als Blockaden von Geschlechterpolitik, Sankt Augustin 2002

Europäische Union (Gislason, Ingolfur): Fostering Caring Masculinities – Icelandic National Report, Oslo 2006

Focus: Bin ich ein guter Vater? Eine Anleitung für gestresste Männer, Heft 25/2005

Forsa (Pohl, Britta): Mehr Kinder. Mehr Leben. Ergebnisse der repräsentativen Forsa-Befragung, Berlin 2004

Fthenakis, Wassilios: „Väter kontrollieren viel weniger". Interview mit Heide Oestreich. In: Die Tageszeitung vom 29.10.2006

Fthenakis, Wassilios: Paare werden Eltern. Die Ergebnisse der LBS-Familien-Studie, Opladen 2002

Gaschke, Susanne: Die Emanzipationsfalle – erfolgreich, einsam, kinderlos, München 2005

Geo: Starke Typen, aber keine Bräute, Heft 5/2004

Gesterkamp, Thomas: Die Krise der Kerle. Männlicher Lebensstil und der Wandel der Arbeitsgesellschaft, Münster 2007

Herman, Eva: Das Eva-Prinzip. Für eine neue Weiblichkeit, München 2006

Kaufmann, Jean-Claude: Schmutzige Wäsche. Ein ungewöhnlicher Blick auf gewöhnliche Paarbeziehungen, Konstanz 1994

Kassner, Karsten/Rüling, Anneli: Halbe-halbe. Geschlechterpolitische Arrangements in jungen Familien. In: Frankfurter Rundschau vom 27.8.2003

Hochschild, Arlie: Keine Zeit. Wenn die Firma zum Zuhause wird und zu Hause nur Arbeit wartet, Opladen 2002

Hurst, Julie/Richards, Wendy: The 24-7 survey. Work Life Balance Centre and Keele University 2003

Jurczyk, Karin/Rauschenbach, Thomas: Elternzeit als Impuls für väterliches Engagement. Ein Vorreiter der Väterpolitik? In: Karin Jurczyk/Andreas Lange (Hrsg.): Vaterwerden und Vatersein heute. Neue Wege – neue Chancen! Verlag Bertelsmann-Stiftung, Gütersloh 2009

Karriere: Väter an die Flasche. Auszeit fürs Kind. Kann Mann sich das leisten – und will er überhaupt? Heft 4/2006

Kasper, Helmut/Scheer, Peter/Schmidt, Angelika: Managen und Lieben. Führungskräfte im Spannungsfeld zwischen Beruf und Privatleben, Frankfurt/Wien 2002

Kimmel, Michael: Manhood in America. A cultural history, New York 1996

Koppetsch, Cornelia/Burkart, Günter: Die Illusion der Emanzipation. Zur Wirksamkeit latenter Geschlechtsnormen im Milieuvergleich, Konstanz 1999

Kralinski, Thomas: Die Zukunft ist weiblich. In: Berliner Republik, Heft 4/2006

Leicht, Robert: Hauptsache, gemeinsam. Wie man das Ehegattensplitting ändern könnte. In: Die Zeit vom 22.6.2006

Manager Magazin: Die neuen Väter – Wie sich Manager zwischen Kind und Karriere aufreiben, Heft 7/2004

OECD-Studie (Eichhorst, Werner/Thode, Eric): Vereinbarkeit von Familie und Beruf. Bertelsmann-Stiftung, Gütersloh 2002

Pfahl, Svenja/Reuyß, Stefan/Menke, Katrin: Das neue Elterngeld. Erfahrungen und betriebliche Nutzungsbedingungen von Vätern – eine explorative Studie. Hans Böckler-Stiftung, Düsseldorf 2009

Prognos-Institut: Betriebswirtschaftliche Effekte familienfreundlicher Maßnahmen. Kosten-Nutzen-Analyse, Berlin 2003

Reeves, Richard: Dad's army. The case for father friedly workplaces. The Work Foundation, London 2002

Robert-Bosch-Stiftung (Bundesinstitut für Bevölkerungsforschung): The demographic future of Europe. Facts, figures, policies, Wiesbaden 2005

Schirrmacher, Frank: Minimum. Vom Vergehen und Neuentstehen unserer Gesellschaft, München 2006

Shell-Jugendstudie (Hurrelmann, Klaus/Albert, Matthias): Jugend 2006 – eine pragmatische Generation gerät unter Druck, Bielefeld 2006

Der Spiegel: Abstieg zum Dummerchen, Heft 33/1994

Vinken, Barbara: Die deutsche Mutter. Der lange Schatten eines Mythos, München 2001

Die Woche: Die Mutter-Attrappe, 19.11.1994

Informationen zum Autor

Thomas Gesterkamp ist Journalist in Köln. Er hat über „Männliche Arbeits- und Lebensstile in der Informationsgesellschaft" promoviert. In Zeitungen und Zeitschriften, im Radio und in wissenschaftlichen Publikationen berichtet er über Männer und Väter. Er hat sich auf Berichte aus der Arbeitswelt und geschlechterpolitische Themen spezialisiert. Mit Vorträgen und Moderationen bereist er den gesamten deutschsprachigen Raum. Der Autor ist Mitbegründer des VEND - Väter-Experten-Netz Deutschland.

Weitere Buchveröffentlichungen: Hauptsache Arbeit? Männer zwischen Beruf und Familie (mit Dieter Schnack, 1996, Neuauflage 1998); Gutesleben.de – Die neue Balance von Arbeit und Liebe (2002); Die Krise der Kerle – Männlicher Lebensstil und der Wandel der Arbeitsgesellschaft (2004, Neuauflage 2007).

Kontakt: Dr. Thomas Gesterkamp, Theodor-Schwann-Straße 13, 50735 Köln. Telefon/Fax 0221-7604899, thomas.gesterkamp@t-online.de

Familie in allen Facetten